YUCHAI
FADONGJI
JIEGOU YUANLI CHAIZHUANG
ZHENDUAN WEIXIU

玉柴发动机

结构·原理·拆装·诊断·维修

顾惠烽　主编

U0359767

化学工业出版社

·北京·

内 容 简 介

《玉柴发动机 结构·原理·拆装·诊断·维修》系统介绍了玉柴电控柴油发动机的基本结构、工作原理及其诊断与维修操作方法和技术要领。全书内容主要涉及玉柴电控柴油发动机的各类电控单体泵系统和电控高压共轨系统的基本原理、功用、构造与维修，重点讲解玉柴发动机的原理、结构、拆装和常见故障的诊断分析与排除，并结合一线车间典型的真实案例。

本书图文表并茂，内容系统，简明实用，有利于帮助汽车维修技术人员解决维修工作中遇到的各类实际问题。

图书在版编目（CIP）数据

玉柴发动机：结构·原理·拆装·诊断·维修/顾惠烽主编. —北京：化学工业出版社，2021.1
ISBN 978-7-122-38054-8

Ⅰ.①玉… Ⅱ.①顾… Ⅲ.①汽车-电子控制-柴油机-研究 Ⅳ.①U464.172

中国版本图书馆 CIP 数据核字（2020）第 244475 号

责任编辑：黄 滢 刘 琳　　　　　　　　　装帧设计：王晓宇
责任校对：赵懿桐

出版发行：化学工业出版社（北京市东城区青年湖南街 13 号　邮政编码 100011）
印　　装：北京虎彩文化传播有限公司
787mm×1092mm　1/16　印张 13　字数 342 千字　2021 年 1 月北京第 1 版第 1 次印刷

购书咨询：010-64518888　　　　　　　　　售后服务：010-64518899
网　　址：http://www.cip.com.cn
凡购买本书，如有缺损质量问题，本社销售中心负责调换。

定　　价：88.00 元

前 言

玉柴集团，始建于 1951 年，是中国最大的内燃机生产基地。玉柴发动机，由于其质量可靠、节能环保、动力性强、耐力好、价格和保养成本都相对低廉、油耗少等诸多优势和特点，使其得到了广大柴油机用户的一致认可和喜爱。特别是近年来，随着我国城市化进程的不断加快，玉柴发动机作为国产柴油发动机行业内的知名品牌，在柴油汽车、载重货车等车辆上应用越来越普遍。

由于玉柴电控柴油发动机的型号种类繁多、结构也相对复杂，安装和使用维修方法等不易被一线汽车维修技术工人所掌握。因此，为了使广大玉柴发动机用户尽快掌握其结构特点和使用维修方法，更好地发挥其使用效能，在化学工业出版社的组织下，特编写了本书。

本书从实用角度出发，详细地介绍了玉柴电控柴油发动机的基本结构、工作原理及其诊断与维修操作方法和技术要领。内容涉及玉柴电控柴油发动机的各类电控单体泵系统和电控高压共轨系统的基本原理、构造与维修，重点讲解玉柴发动机的原理、结构、拆装和常见故障的诊断分析与排除，并结合一线车间典型的真实案例。

本书图文表并茂，内容系统，简明实用，有利于帮助汽车维修技术人员解决维修工作中遇到的各类实际问题。可供柴油发动机用户、车辆管理人员及汽车维修技术人员使用，也可供大中专院校相关专业师生和培训机构阅读参考。

本书由顾惠烽主编，参加编写的人员还有蔡勇、罗永志、彭川、陈浩、李金胜、丘会英、周迪培、顾森荣、冼锦贤、冼绕泉、黄木带、陈志雄、冼志华、黄俊飞。在编写过程中，参考了相关厂家的技术资料，在此一并表示感谢。

由于编者水平有限，书中不足之处在所难免，恳请广大读者批评指正。

编者

目录

第 1 章　玉柴电控柴油机简介 /1

1.1　电喷系统的调节特点　/1

1.2　电喷系统的重要功能　/1

1.3　玉柴欧Ⅲ柴油机电控系统说明　/1

1.4　玉柴欧Ⅲ共轨系列发动机简介　/2

第 2 章　玉柴电控柴油机的使用与保养 /4

2.1　电控发动机使用要求　/4

2.2　燃油系统的日常维护　/5

2.3　润滑系统的日常维护　/8

2.4　冷却系统的日常维护　/9

2.5　进排气系统的日常维护　/9

2.6　电控系统的日常维护　/10

第 3 章　衡阳南岳电控单体泵系统 /13

3.1　系统介绍　/13

3.2　系统组成及工作原理　/14

3.3　主要电控零部件结构及特性　/15

3.4　系统工作原理　/18

3.5　系统电路图　/22

3.6　安装说明与安装要求　/26

3.7　故障码　/26

3.8　常见故障诊断与排除　/28

第4章　威特电控单体泵系统 /29

4.1　系统介绍　/29

4.2　主要电控零部件结构、特性与拆装　/29

4.3　系统相位　/35

4.4　系统工作原理　/35

4.5　系统电路图　/38

4.6　故障诊断　/40

4.7　常见故障检修　/41

第5章　德尔福（Delphi）电控单体泵系统 /43

5.1　系统介绍　/43

5.2　主要电控零部件结构、特性与拆装　/44

5.3　系统常用功能　/50

5.4　系统电路图　/50

5.5　故障诊断　/52

5.6　常见故障分析与排除　/56

第6章　德尔福（Delphi）电控高压共轨系统 /58

6.1　德尔福电控高压共轨系统简介　/58

6.2　燃油系统零部件结构、特性与拆装　/60

6.3　电控系统零部件结构、特性与拆装　/67

6.4 电控系统零部件结构、特性与拆装 /71

6.5 电控高压共轨燃油系统常用控制策略和失效策略 /78

6.6 整车功能 /81

6.7 系统电路图 /83

6.8 故障诊断 /85

6.9 常见故障分析与处理 /91

第 **7** 章 博世（Bosch）电控高压共轨系统 /96

7.1 博世电控高压共轨燃油系统简介 /96

7.2 燃油系统零部件结构、特性与拆装 /97

7.3 电控系统零部件结构、特性与拆装 /117

7.4 电控高压共轨燃油系统常用控制策略和失效策略 /133

7.5 故障诊断 /137

7.6 常见故障检修 /142

第 **8** 章 博世（Bosch） SCR 系统（国Ⅳ） /146

8.1 SCR 系统简介 /146

8.2 SCR 系统组成及工作原理 /148

8.3 SCR 系统安装与布置 /153

8.4 SCR 系统日常维护与保养 /156

8.5 SCR 系统常见故障 /159

第 **9** 章 玉柴电控柴油机常见故障分析与排除 /164

9.1 启动困难 /164

9.2 功率不足 /169

9.3 发动机水温不正常 /173

9.4 机油压力异常 /174

9.5 柴油油耗高 /176

9.6 机油油耗高 /179

9.7 排放烟色异常 /182

9.8 发动机异响 /184

9.9 发动机振动过大 /187

9.10 常见应急处理措施 /189

第10章 玉柴电控柴油机故障案例 /191

10.1 启动困难案例 /191

10.2 发动机水温高案例 /193

10.3 油耗高案例 /195

10.4 发动机机油消耗量高案例 /196

10.5 发动机烟色异常案例 /196

10.6 发动机抖动故障案例 /197

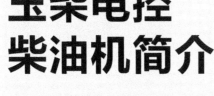

第1章
玉柴电控
柴油机简介

1.1
电喷系统的调节特点

（1）喷油量　驾驶员通过电子油门提供驾驶意图，控制器 ECU 控制整个运行范围内的喷油量，可以有几十种喷油量控制模式（瞬态与稳态）。

（2）喷油规律　在系统设计时考虑了适当的喷油规律。

（3）喷油提前角　完全由控制器 ECU 自动控制。

（4）喷油压力　完全由控制器 ECU 自动控制。

（5）怠速　可根据水温实时修正，也可根据附件功率进行实时修正。

1.2
电喷系统的重要功能

① 提供附加的控制（各缸平衡、可变怠速和闭环控制、减速断油和启动控制等）；与车辆有更多的联系，提供更多的功能（A/T、停缸、排气制动、A/C、P/S、ABS、仪表指示等）；提高柴油机本身的一致性和可靠性（故障诊断、失效安全策略、自学习与自适应等）。

② 更好的燃烧获得低排放和高性能；实现各种灵活控制；与车辆更好地匹配。

1.3
玉柴欧Ⅲ柴油机电控系统说明

① 欧Ⅲ发动机的一些零部件在外观上与欧Ⅱ发动机相同或相似，如喷油器、高压油管、柴油滤清器等，严禁用其他型号的零部件替换。

② 保持欧Ⅲ发动机燃油系统的清洁非常重要，否则会导致燃油系统部件早磨。

③ 对于维修来说，电控系统零件目前不进行拆修，只能更换。

④ 丰富的欧Ⅱ柴油机维修知识和经验对欧Ⅲ柴油机的维修非常重要。欧Ⅲ柴油机的工作原理和欧Ⅱ柴油机差不多，只是燃油系统的改变，经过培训后也可以来维修欧Ⅲ柴油机。

⑤ 不是所有的故障都出在电控系统上，并非所有故障都要通过故障诊断仪进行判断。

⑥ 故障诊断仪只能检测到电控元件出的故障，不能直接检测到机械故障，可通过相关参数变化来推断大致故障部位。

1.4
玉柴欧Ⅲ共轨系列发动机简介

① 基于玉柴欧Ⅱ系列柴油机，采用增压中冷以及四气门技术。

② 玉柴欧Ⅲ共轨系列柴油机的开发采用了多项现代柴油机科研技术成果，是借鉴世界著名的德国 FEV 汽车发动机技术公司先进的设计理念和设计手段，玉柴自主开发设计的一款柴油机，更加适合中国的使用情况。机械开发参考德国 FEV 公司的机械开发程序，可靠性得到很好的保证。

③ 玉柴欧Ⅲ系列共轨柴油机是国家实施国Ⅲ、国Ⅳ标准后，在原玉柴欧Ⅱ系列发动机的基础上专门开发的，重新设计进气系统，功率覆盖范围 $102.9\sim286.8kW$。与原玉柴欧Ⅱ系列发动机相比，主要应用电控高压共轨、四气门及曲轴箱结构。

④ 玉柴欧Ⅲ系列共轨柴油机具有低排放、低噪声等特点。

⑤ 秉承原玉柴欧Ⅱ系列柴油机的可靠、省油、动力性好等优点。

⑥ 电控单体泵柴油机（图 1-4-1）排放起点为欧Ⅲ；排放潜力为欧Ⅳ、欧Ⅴ；最高喷射压力高；可靠性高、适应性强；维修成本较低；适用于重型、中重型柴油机市场。

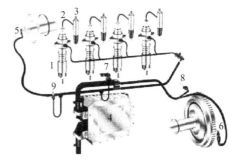

(a) YC6L-30发动机

(b) YC6J-30发动机

图 1-4-1　玉柴欧Ⅲ电控单体泵柴油机

1—单体泵；2—高压油管；3—机械喷油器；4—控制单元 ECU 传感器；
5—凸轮轴转速；6—曲轴转速；7—增压压力；8—冷却水温；9—进气温度

玉柴欧Ⅲ共轨发动机功用如图 1-4-2 所示。

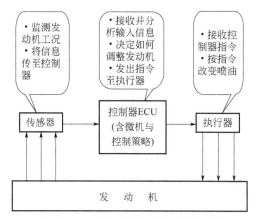

图 1-4-2　玉柴欧Ⅲ共轨发动机功用

第2章

玉柴电控柴油机的
使用与保养

2.1
电控发动机使用要求

（1）启动发动机　将车辆的电源总开关闭合（若车辆无此开关则省略此步骤），再按常规启动方式与注意事项启动发动机。启动时不要踩油门，踩踏油门不会加快启动速度，只会造成启动后因油门过大而使发动机转速立刻上升到较高转速，导致燃油浪费、发动机运动件磨损加快的后果。

冷启动：在较冷的环境下，启动操作与常规一样。环境温度低于启动预热设定的温度时，有电预热装置的车辆在钥匙开关打到"ON"挡位后预热指示灯会自动亮起，当预热完成后预热指示灯会自动熄灭，此时立刻打开发动机进行启动。若启动不成功，请关闭钥匙开关至"OFF"挡进行复位，然后再按以上操作进行第二次预热和启动。发动机的控制器会根据环境温度以及车辆上的附件发出一些控制指令，以利于启动顺利。不同配置的发动机在启动过程中的动作会有所不同，比如控制器可以自动控制喷油提前角、喷油量等，可以自动控制进气预热器进行预热和后热，可以自动控制排气制动阀来帮助启动，这些控制动作将有利于发动机的顺利启动，使电控柴油机的启动性能大大提高。当然，由于不同的车辆提供给控制器控制的附件不同，因此控制器采用的启动控制策略（方法）也不尽相同。

（2）发动机和车辆的操作

① 车辆起步。按常规操作，要求尽量用一挡起步，避免高挡位起步。

② 加速油门踏板的操作。按常规操作，但在一些条件下，控制器为了保护发动机免受过热、过载的伤害，或为避免发动机冒烟，猛踩油门并不能得到想象中的急速加速。

③ 换挡点的推荐。为了使发动机获得更好的动力性和更省油，建议发动机的换挡转速应在发动机最大扭矩点偏上一点附近，以换完挡后的发动机转速在 1100r/min 以上为参考标准。

④ 涉水行驶的注意事项。当车辆过积水路面时，车辆应遵循以下规定，避免电控系统因进水而受到损害和失效。原则上控制器离水的高度应超过 200mm，并且在水面接近此高度时车辆应以低于 10km/h 的速度通过，在积水较浅时车辆应该慢速通过。

⑤ 跛脚回家功能。在某些不正常的情况下，比如油门踏板传感器失效、曲轴传感器失

效，或者蓄电池电压过高时，发动机故障指示灯将点亮提醒，控制器让发动机以较低的转速和较小的负荷运行，车辆可以慢速地开到附近的维修站，这就是跛脚回家功能，是玉柴电控柴油机为确保行车安全，并且能让用户方便维修的人性化功能。

（3）停机　必须先关闭钥匙开关一段时间后才能关闭车辆的电源总开关（若车辆无电源总开关则无此要求，其中 Delphi 系统 8～10s，BOSCH 系统 18～20s），其他操作按常规。

2.2
燃油系统的日常维护

（1）燃油清洁的重要性　相对于传统的机械式燃油系统而言，电控系统对燃油的清洁度要求更苛刻。因为电控系统要产生压力更高的燃油以及实现更高精度的控制，内部的量孔更加精细，运动元件的配合也更精密，不清洁的燃油会使单体泵和共轨高压泵及电喷嘴堵塞而失效，也会使运动元件受到磨损而缩短使用寿命。

提示：因电控系统对燃油品质的要求相当严格，燃油应选用相当于欧洲标准 EN590 的柴油，国内要求选用符合北京地区国Ⅲ柴油标准 DD11/239 规定的轻柴油，并随着地区环境气温的不同而选用不同牌号的柴油，一般夏季选用 0 号，冬季选用－10 号，当环境温度为－20℃时，应选用－20 号，当环境温度为－30℃时应选用－35 号。

（2）对燃油清洁度的特别要求

① 不要加注不符合国标的燃油，应该在正规的加油站进行燃油加注。

② 不要让加注后的燃油受到污染。

③ 在需要拆装燃油管路时，必须保持手及所用工具清洁，避免燃油管路受到污染，必须按照玉柴要求的拆装方法进行操作。

④ 在更换柴油滤清器时，不允许向新柴油滤清器注满柴油后再安装到发动机上。

（3）燃油滤清器　燃油的清洁度对电控共轨系统非常重要，采用两级专用高效的燃油滤清器，即安装在车辆上的燃油预滤器（粗滤器）和安装在发机上的燃油精滤器（精滤器）（图 2-2-1）。作为玉柴指定的燃油滤清器之一，Racor 燃油滤清器目前应用于单体泵和 BOSCH 高压共轨系统。

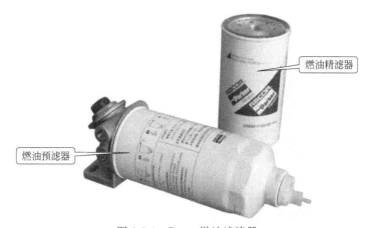

图 2-2-1　Racor 燃油滤清器

Delphi 系统燃油滤清器中，燃油预滤器下端带有油水分离装置，燃油精滤器下端带有水传感器，可以监测燃油中的水分含量，沉淀的水容量超过一定范围，就会接通报警灯，提醒用户进行放水操作（图 2-2-2）。

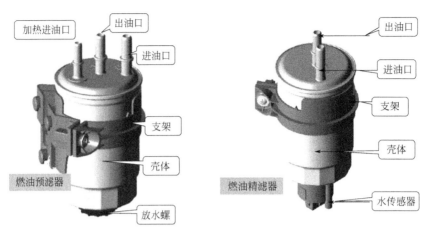

图 2-2-2　Delphi 系列燃油滤清器

　　燃油滤清器是保证燃油清洁度的关键部件，使用玉柴指定要求的燃油滤清器和预滤器对于电控系统能够长期稳定工作是十分重要的。电控系统要求燃油精滤器和预滤器必须用玉柴专用件，不要购买劣质燃油滤清器，绝不允许用传统（欧Ⅱ或欧Ⅱ以前）的柴滤或不经玉柴认可的产品代替，否则容易造成电控系统早磨等故障。对于因用户使用劣质燃油滤清器，引发的无法启动、启动困难、功率不足等故障，玉柴不予保修。

　　（4）滤清器更换周期　每运行 10000～12000km 或累计运行 200～250h（先到为准），更换一次燃油滤清器。

　　注意：更换燃油滤清器时，一定要使用玉柴指定的配件，如图 2-2-1 中精滤器上的"Racor"标记。

　　提示：电控柴油机运行一段时间后，请务必注意对油水分离器（即燃油预滤器）适时放水，放水周期视所用柴油的含水量情况灵活调整。

　　可拆卸底部的螺塞，对电控单体泵和 BOSCH 油水分离器放水（图 2-2-3）。

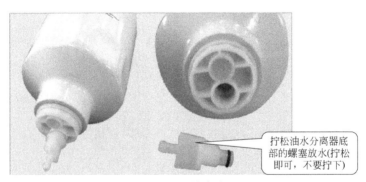

拧松油水分离器底部的螺塞放水(拧松即可，不要拧下)

图 2-2-3　放水塞

　　（5）燃油抽空后的重新加注方法　排空前要对油路整体流向有所了解，如图 2-2-4 所示是单体泵燃油系示意图和具体的排空方法。

　　高压共轨燃油系统示意图如图 2-2-5 所示。

　　（6）燃油重新加注后的排空方法

　　① 单体泵系统。在燃油油路中的燃油被抽空，或需更换燃油滤清器、预滤器或油管等情况下，有空气进入油路中时，必须将空气完全排出，否则发动机难以启动或单体泵及泵室

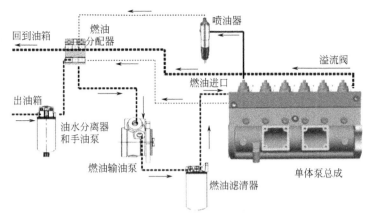

图 2-2-4　单体泵燃油系统示意图

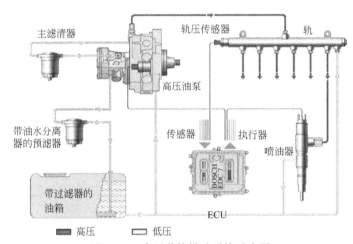

■ 高压　□ 低压

图 2-2-5　高压共轨燃油系统示意图

有受到穴蚀的危险（图 2-2-6）。排空的步骤和注意事项如下。

　　a.将燃油滤清器顶部的放气螺塞拧松，用粗滤器上的手油泵排空，直至燃油滤清器内充满燃油，放气螺塞流出的燃油不再带有气泡为止，然后上紧放气螺塞（图 2-2-7）。

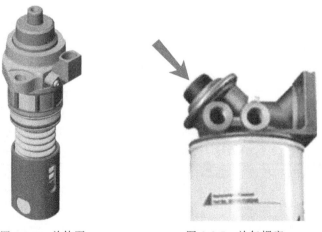

图 2-2-6　单体泵　　　　　　　图 2-2-7　放气螺塞

b.将单体泵泵室顶部的放气螺塞松开，排空直到将单体泵泵室充满燃油，没有气泡冒出再上紧放气螺塞。

c.将各缸高压油管连接喷油器的接头松开，将高压油管中的空气排出，直至燃油流出再上紧接头。

d.排空完成后，将流出在发动机和车架上的燃油擦拭干净后才能启动发动机。

注意：严禁在发动机运转时拆卸发动机的高压油管。由于高压油管内的压力高达1800bar，同时高压油管内的压力有一个保压延时，因此要在停机半分钟后才能拆卸油管，确保安全。

禁止以起动机拖动发动机来排空。在排空的过程中应避免燃油溅到排气管、起动机、线束（特别是接插件）上，若不在排空操作的过程中必须保证燃油清洁免受污染。

② 共轨系统。将柴油精滤的出口过油螺栓清洗干净，拧松该过油螺栓至有油流出（不要拧掉），按压手油泵（图 2-2-8），至拧松的精滤出口过油螺栓处不再有气泡冒出为止，然后扭紧该过油螺栓即可。最后注意清理排空时流到发动机和车架上的燃油。

BOSCH的按压式手油泵

Delphi的按压式手油泵

图 2-2-8　手油泵的分类

注意：请关掉发动机电源后再排空，不允许拧松高压油管螺母进行排空，高压部分的排空由高压油泵运行时自动将空气排回油箱内。

2.3
润滑系统的日常维护

发动机零部件的精度很高，对于机油油品的要求较高，必须使用 CF 级以上级别的发动机机油，如表 2-3-1 所示。

表 2-3-1　机油油品牌号

使用条件	夏季	≥0℃	≥−15℃	≥−30℃
油品牌号	15W/40CF-4	15W/30CF-4	10W/30CF-4	5W/30CF-4

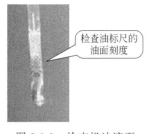

检查油标尺的油面刻度

图 2-3-1　检查机油液面

机油的工作温度要求在 90～116℃；机油压力在正常使用时应大于 0.2～0.6MPa，怠速时应不低于 0.1MPA；当发现机油压力不够时，要及时停机检查，否则会引发烧瓦等故障。

日常驾驶应避免急速停车，开车和停车时应该先怠速运转3～5min，使润滑油路的油压建立起来，避免瞬时缺油，损坏增压器及其他部件。用户要定期检查油底壳内的油面高度和油品质量，油面高度要保持在油标尺的上下限度之间，机油变质后要及时更换（图 2-3-1）。

汽车每行驶里程10000km（或每累计工作时间250h），应更换滤清器，以免造成零部件的磨损和烧蚀。启动频繁或经常在高速大负荷下运行应缩短换油周期。

机油滤清器为旋转式滤芯结构，两只并联，在保养更换时，只需拧下旧滤芯，在新滤芯密封面上涂抹适量润滑油并装复。

2.4

冷却系统的日常维护

冷却系统是否正常运行关系到发动机的性能和可靠性。当冷却系统出现问题时，会出现水温高（甚至"开锅""返水"），继而引发油温高、排温高、燃油耗高、功率不足甚至零部件烧损等问题。

当水温过高时，发动机会进入热保护状态，降低发动机输出功率，甚至会自动停机。此时用户应该仔细检查原因予以排除。

当水温高时，把车开到阴凉的地方停下降温。为避免对发动机造成损伤，停车后不要马上熄火，而应该让发动机先怠速运转一段时间。

日常维护保养和使用中要注意检查各结合面是否存在泄漏，冷却液的容量是否足够，如果不足要及时添加。定期检查水泵皮带轮的松紧度和磨损程度，水泵的流量是否正常，节温器和水温表是否有效。检查水泵皮带张紧程度，必要时予以调整；在两皮带轮之间垂直加30～40N的力，皮带弯度以10～15mm为宜（图2-4-1）。

图2-4-1　检查水泵皮带张紧程度

对于电控柴油机，排放是以欧Ⅲ为起点的，应使用长效冷却防冻液。防冻液具有提高沸点、降低凝点，同时大大减小水垢的作用。

使用较长时间后，要注意对发动机水腔进行清理，以免影响散热效果。

使用软水的发动机，停机较长时间或寒冷地区的冬季时要放尽冷却水，以免缸体冻裂。放水时应注意打开水箱压力盖，避免无法放干净冷却水（图2-4-2）。

添加冷却液，注意冷却液不能加得过满，应留有1/10的膨胀空间

图2-4-2　添加冷却液

2.5

进排气系统的日常维护

（1）进气系统介绍　进排气系统的作用是保证进气清洁、充足，排气通畅。如果进排气

系统出现问题，会引发零件早磨、燃油耗高、功率不足等（图2-5-1）。

图 2-5-1　清洁进气滤网

（2）空气滤清器的使用　绝对禁止发动机在不装空气滤清器或空气滤清器失效的情况下工作。平时可以通过观察装在空气滤清后的进气管上的空气阻力指示器来判断空气滤清器的堵塞情况，当空气阻力指示器的指示窗口由正常情况下的绿色变成红色，则表明滤清器进气阻力超过限定值，需要对其进行清理或更换。如果空气滤清器上没有空气阻力指示器，则视环境空气中含尘量的高低来定期检查并清理或更换。每运行50～200h，应对滤芯清洁积尘、检查密封性等，每运行2个月（5000～8000km）应对空气滤清器的整体滤芯进行更换。由于车辆用途和使用差异性大，应该灵活调整保养、更换周期。一旦出现空气滤清器堵塞，应立即停机清理或更换滤芯。

养成定期检查进排气管路和增压器的习惯，要求管路结合可靠，无破损、无打折、无真空节流；增压器叶轮转动灵活，轴向间隙适当，无窜油窜气现象；检查排气背压正常，排气制动阀和消声器无堵塞。

（3）空气滤清器的保养　拆下空气滤清器盖，晃动滤芯，检查是否已经松动，拆下主滤芯和安全滤芯，擦干净内、外滤芯的密封胶圈，并检查该密封胶圈是否损坏、短路。检查内外滤芯，如破损、严重变形、到报废期限请更换新的空气滤清器。如未破损，外滤芯（主滤芯）可用0.13～0.4MPa的压缩空气由里使外将其吹干净；内滤芯（安全滤芯）不能用压缩空气吹。

2.6
电控系统的日常维护

电控柴油机的电子元器件主要有控制器、传感器、执行器和线束等，柴油机电控元器件一定要保持干燥、无水、无油、无尘（图2-6-1）。

(a) Delphi单体泵控制器　　　　(b) Delphi高压共轨控制器　　　　(c) BOSCH单体泵控制器

图 2-6-1　控制器

（1）ECU 控制器　ECU 控制器是整个电控系统的"大脑"，由硬件和软件组成，安装时应远离发动机和车辆的高温区，在使用和维修过程中严禁碰撞和摔落。

注意：ECU 控制器安装必须安装在防水、防油、防震的地方，德尔福共轨系统的 ECU 控制器壳体与车身必须绝缘良好，单体泵和博世共轨系统 ECU 控制器壳体与车身必须接地良好，Delphi 共轨系统的控制器要求必须与车身绝缘。

虽然电控系统各个零部件采用一些防护措施，例如感应器或执行器与线束接插件之间的连接采用了隔水橡胶套圈，控制单元（ECU）与线束之间的连接有盖板覆盖，但是仍然不能用水直接冲洗发动机电控部分的零部件和接插件。

电控系统安装与拆卸必须要经过专业的电控培训，才能对电控系统零部件进行拆装的工作，不允许用户自行拆装电控系统零件。因此，电控燃油喷射柴油机的日常维护应注意以下几点。

① 拔插线束及其与感应器/执行器的连接部分之前，切记首先关掉点火开关与蓄电池总开关，然后才可以进行柴油机电气部分的日常维护。

② 定期用洁净的软布擦拭柴油机线束上积累的油污与灰尘，保持线束及其与感应器/执行器的连接部分的干燥清洁。

③ 当更换柴油机零部件后，例如更换高压油管后，电控系统接线柱周围集油时，应立即用洁净软布或卫生纸将集油吸干。

④ 当电气部分意外进水后，例如控制单元（ECU）或线束被水淋湿或浸泡，切记首先切断蓄电池总开关，并立即通知维修人员处理，不要自行运转发动机。

⑤ 由于很多接插件都是塑料材料，安装拔插时禁止野蛮操作，一定要确保锁紧装置拉到位，插口中无异物进入。

⑥ 注意维护整车线路，发现线束有老化、接触不良或外层剥落时要及时维修更换，但是对于传感器本身出现损坏时，一定要由专业的维修人员进行整体更换，不允许自行在车上简单对接或维修。

注意：进行电焊作业时，一定要关总电源并拔掉 ECU 上的所有插件。

（2）喷油器　每个喷油器均有 16 位修正码，一旦将喷油器修正码输入控制器，则控制器和发动机必须配对，各缸喷油器之间不能互换（图 2-6-2）。

图 2-6-2　喷油器

（3）发动机故障指示灯（图 2-6-3）　位于仪表板上，指示状态的颜色为红色；当电喷系统出现一般故障后故障指示灯点亮，如为严重故障则闪烁；当打开点火开关后，系统对故障灯的线路进行自检，点亮故障灯，如系统无故障，则故障灯在 2s 后熄灭；当电喷系统故障排除或消失后，故障指示灯熄灭。当发生故障时，及时通知相关的维修人员进行维修。

图 2-6-3　发动机故障指示灯

（4）蓄电池　当蓄电池电压在 18～34V 的范围之内，电控系统可以正常工作，但仍然应尽量保持蓄电池的电压在 22～26V 之间。

　　接通、断开蓄电池和点火开关的要求：司机断开蓄电池总开关之前，应先关闭点火开关。一般地，因为电子控制单元（ECU）在点火开关断开后，需要一段时间存储发动机的运行状态参数（例如故障码），因此建议在关点火开关十秒钟后再断开蓄电池总开关。司机接通蓄电池与点火开关时，应先接通蓄电池开关，然后再接通点火开关。

第**3**章

衡阳南岳电控单体泵系统

3.1
系统介绍

（1）柴油机对喷油系统的要求　燃油供给系统应按柴油机工作需要，将适量的燃油在适当的时刻内，以适当的空间状态喷入燃烧室，以保证混合气的形成及燃烧过程能在最有利的条件下进行，从而使柴油机获得良好的经济性、动力性、稳定性及排污、噪声等指标。

（2）供油系统应满足的条件

① 应正确地供给与柴油机负荷相适应的油量。

② 应能自动的改变喷油正时，以适应柴油机转速或负荷变化的需要。

③ 当柴油机转速和负荷变化时，供油系统应有足够的响应速度，提供所要求的供油量。

④ 喷雾特性应与燃烧室有良好的配合，应使柴油机获得最佳的燃烧过程。

⑤ 可靠耐用、结构简单、制造容易、维修方便。

（3）系统主要参数

① 排放水平：国Ⅲ标准。

② 最高喷射压力：1800bar（$1bar=10^5 Pa$，下同）。

③ 最大许用泵端压力：1400bar。

④ 最高许用转速：2000r/min。

⑤ 单缸功率范围：0～55kW。

⑥ 柱塞直径：9mm/10mm/11mm。

⑦ 最大凸轮升程：12mm/14mm/16mm。

⑧ 发动机第一缸压缩上止点对应油泵基准缸凸轮轴升程：6.93mm（6缸）、6.93mm（4缸、16mm凸轮升程）、6.78mm（4缸、14mm凸轮升程）。

⑨ 使用环境：－40～＋85℃，海拔4000m（在整车进行过三高标定前提下）。

⑩ ECU供电电压：24V。

3.2
系统组成及工作原理

（1）电控组合泵系统组成　组合泵由控制器（ECU）、传感器、喷油器、高压油管、线束等组成，见图3-2-1、图3-2-2。

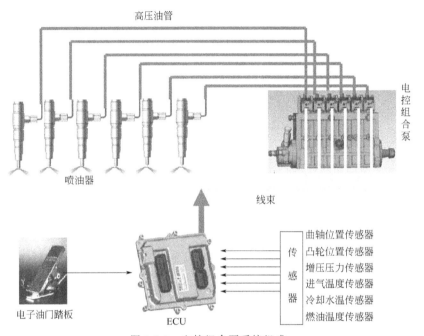

图 3-2-1　电控组合泵系统组成

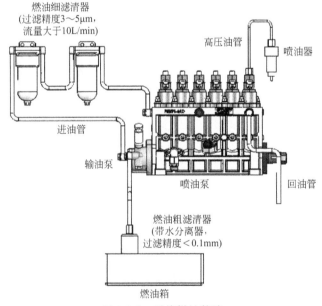

图 3-2-2　系统燃油管路

（2）工作原理　由传感器采集汽车和发动机运行工况及驾驶者的操作意图，ECU 根据传感器输入的信号，驱动电控单体泵电磁阀，通过电磁阀切换由柱塞高速运动产生的高压燃油的流向。

3.3
主要电控零部件结构及特性

电控单体泵柴油机传感器功能如表 3-3-1 所示。

表 3-3-1　电控单体泵柴油机传感器功能

传感器	功能
凸轮轴传感器	判缸,同时在曲轴传感器失效后可执行失效安全策略
曲轴位置传感器	精确计算曲轴的位置,用于喷油时刻和喷油量计算、转速计算,同时在凸轮轴传感器失效后可执行失效安全策略
增压压力传感器（MAP）	测量增压压力,与进气温度一起计算空气密度和喷油量,在瞬态工况时用于冒烟控制
进气温度（MAT）	测量进气温度,与进气温度一起计算空气密度和喷油量,同时还用于修正喷油提前角
冷却液温度传感器	测量冷却液温度,用于冷启动、目标急速计算,同时还用于修正喷油提前角、最大功率保护等
燃油温度传感器	根据燃油密度计算喷油量和所需的喷油脉宽

（1）电控单元 ECU　南岳系统控制器如图 3-3-1 所示，产品型号为 GD-1，采用标称 24VDC 供电，工作电源 11～36VDC；继电器电源控制。采用 32 位 MC6837（微处理器），大容量 1MBFlash 存储器。采用防水、抗振处理、橡胶绝缘隔垫。用于驱动单体泵电磁阀的 6 路/4 路输出，具有在线故障诊断功能。CAN 现场总线通信技术。可以满足欧Ⅳ、欧Ⅴ的排放要求。

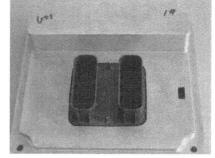

图 3-3-1　电子控制单元

ECU 的工作温度：−40～+105℃。

ECU 的存储温度：−40～+125℃。

ECU 功耗：待机 5W，工作最大功耗 36W。

ECU 电路结构示意图如图 3-3-2 所示。

电控系统功能如图 3-3-3 所示。

（2）水温传感器　热敏电阻式 NTC 如图 3-3-4、表 3-3-2 所示，感应元件为外壳屏蔽。两个输出端子分别为信号、接地。其温度越高阻值越小。

表 3-3-2　水温传感器电阻特性

温度/℃	−40	−10	15	20	80	130
标准电阻/Ω	45300	9200	3055	2500	327.0	90.0
最大电阻/Ω	50136	11722	3457	2817	357.1	101.1
最小电阻/Ω	33850	7273	2706	2220	299.7	80.4

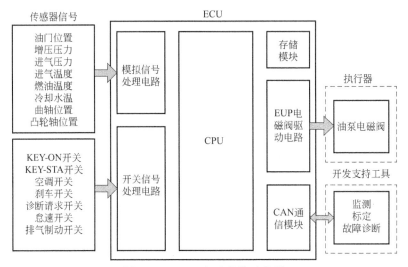

图 3-3-2　ECU电路结构示意图

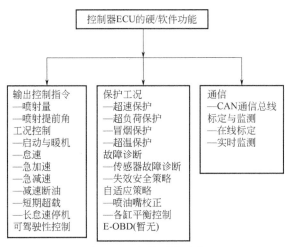

图 3-3-3　电控系统功能

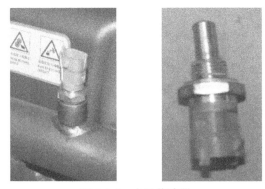

图 3-3-4　水温传感器

（3）油温传感器　热敏电阻式 NTC，特性如表 3-3-3 所示。感应元件为外壳屏蔽，两个输出端子分别为信号、接地，其温度越高阻值越小。

表 3-3-3　油温传感器电阻特性

温度/℃	−40	−10	15	20	80	130
标准电阻值/Ω	45300	9200	3055	2500	327.0	90.0
最大电阻值/Ω	50136	11722	3457	2817	357.1	101.1
最小电阻值/Ω	33850	7273	2706	2220	299.7	80.4

（4）曲轴位置传感器、凸轮轴位置传感器

① 曲轴位置（霍尔）传感器感知发动机相位信号盘信号齿位置，并将其转化为电气信号。ECU 将该信号处理转化后，用于计算发动机转速，控制喷油参数的精确执行（图 3-3-5）。

② 凸轮轴位置传感器感知油泵相位信号盘信号齿位置，并将其转化为电气信号。ECU 将该信号处理转化后，用于发动机判缸。

霍尔传感器，采用 12VDC 供电。工作电压 6～16V；16～24V 持续时间≤2min；工作电流≤10mA；绝缘电阻≥1MΩ；工作温度−40～+150℃。严格保证传感器测量间隙在 1.0mm±0.2mm 范围内。传感器安装螺栓拧紧力矩 8～10N·m。

（5）油门踏板位置传感器　油门踏板位置传感器的单电位器及怠速开关如图 3-3-6 所示，为 5 线制，其中电位器 3 根线，怠速开关 2 根线；电位器与怠速开关采用独立电路，不能共用参考电源与信号接地。

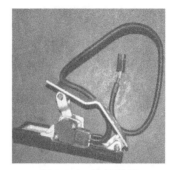

图 3-3-5　曲轴位置传感器　　　　图 3-3-6　油门踏板

电子油门主要技术参数如下：油门自由状态时电位器初始电压为 0.65V；油门全开时电位器电压为 3.85V；怠速开关变化时电位器电压范围为 0.8～0.97V；电位器工作电流 I_{ON}<10mA。

（6）增压压力、进气温度传感器　如图 3-3-7 为增压压力进气温度传感器实物图及接线图，其额定工作电压 (5.0±0.5)VDC，最大工作电压 16.5V，70℃（<1h）。工作电流<10mA，工作温度−40～+125℃。

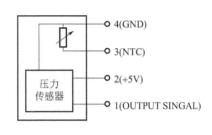

图 3-3-7　增压压力、进气温度传感器

图 3-3-8 单体泵

（7）单体泵 如图 3-3-8 所示，单体泵最高喷射压力 1600bar，最大供油量 300mm³/r，EUP 电磁铁柱塞几何参数 $D=10$mm，升程$=16$mm。润滑形式为机油强制润滑，最大许用泵端压力 1400bar。线圈电阻 $0.46\sim0.56\Omega$。最大驱动电流 $I_{max}=17$A。

工作顺序：1-5-3-6-2-4、1-3-5-2。

（8）输油泵（图 3-3-9） 传统柱塞式，输油泵出口最大峰值压力为 8bar❶，单体泵进口前最大压力为 4.5bar，输油泵进口压力范围为 0.5～1.0bar。输油泵供油能力最小当进油压力为 1bar，50r/min，最大当进油压力为 1bar，1250r/min。

（9）线束 如图 3-3-10 所示。

图 3-3-9 输油泵

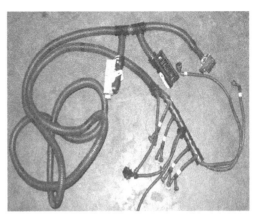

图 3-3-10 线束

3.4
系统工作原理

3.4.1 启动工作原理

（1）启动油量 启动时的喷油量大小是由当前转速和冷却水温共同决定的，一般采用查取脉谱的方法获得。冷启动的环境条件比较恶劣，发动机工作温度很低，着火存在很大的延迟，因此需要根据冷却水温对喷油量进行适当的补偿。

一般常温下的启动油量约为怠速油量的 5～7 倍，而低温时的启动油量则起码是常温时的 1.5 倍。

（2）油量增量补偿 要根据拖转的时间对拖转油量进行增量补偿，即每隔固定时间步长，在基本拖转油量上递增一个补偿油量，如果转速一直没有上升，则此增量一直增加到标定的最大值为止。

（3）启动失败停喷 考虑到冷启动不成功时燃烧室内可能有过多的喷油残余，会恶化下

---

❶ 1bar$=100$kPa。

一次启动的排放，因此一旦超过指定喷油次数，转速仍然没有达到标定值，即判断为启动失败，油量输出为零，发动机不再喷油。

（4）启动成功转速　只有当转速大于标定值时，才开始喷油。启动成功，过渡到怠速工况的条件是发动机转速高于标定阈值，这个值一般是这样计算的：启动成功转速＝怠速参考转速＋标定偏差值。

3.4.2　目标怠速计算

当出现一些低水温、低电压或是使用空调的情况时，必须立刻对目标怠速进行修正，以保证提供发动机正常摩擦功耗之外的额外功率需求。每一种情况对应的目标怠速都应该分别定义或计算，最后选择其中最高的一个作为输出控制的最终值。

如果没有任何额外要求，则以微调之后存储的怠速值作为当前目标怠速。另外，无论如何都必须将目标怠速限制在标定的上下限之内，且以设定斜率平稳过渡。

（1）标定目标怠速　车辆生产下线时就确定了一个目标怠速，一般为 630r/min。这个目标怠速可以通过在线标定工具重新标定确定。

（2）暖机怠速　发动机冷启动后需要尽快提升发动机工作温度，如果启用暖机怠速功能，将暖机怠速控制标志位标定为 1，则目标怠速会根据当前冷却水温自动调高怠速转速，以利用怠速多余的功率来加热发动机（图 3-4-1）。

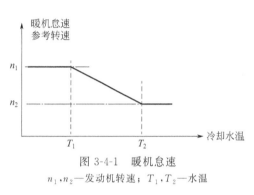

图 3-4-1　暖机怠速

n_1，n_2—发动机转速；T_1，T_2—水温

（3）空调　当车内空调开启时，空调压缩机需要通过发动机皮带轮带动其工作，此时发动机需要额外输出功率，因此目标怠速必须自动的提升，启用相应标志位。另外，考虑到空调控制的需要，以免空调开启的突加载荷影响启动进入怠速以后的稳定性，因此不能在启动成功后立刻拖动空调压缩机工作，所以设定了一个可标定时间延迟。

（4）低电压　车载蓄电池电压关系到整个电控喷油系统的正常工作，因此必须保证其输出电压平稳且在一定水平以上。一旦检测到电压偏低超过标定值，则自动提升目标怠速，利用多余能量为蓄电池充电。当蓄电池电压上升超过滞回区间时，恢复正常怠速。

3.4.3　怠速闭环

怠速工况时，采用比例积分控制器来控制发动机转速，使其自动稳定在目标怠速附近，另外还有利于实现怠速和加速之间的平稳过渡。

3.4.4　最大油量控制

（1）扭矩限制　此模块是为了保护发动机并且定义发动机的额定功率。发动机最大扭矩曲线油量限制是发动机转速的函数，最大扭矩曲线油量限制＝f（挡位，发动机转速）。

（2）燃油温度修正　该模块是为了防止发动机在过高或过低的燃油温度工作时受损伤。

（3）冷却水温修正（含故障保护）　该模块是为了防止发动机在过热的环境下工作时，冷却液温度过高导致水箱开锅，发动机失去冷却介质而造成损伤。

（4）大气压力修正　该模块是为了防止增压器在高原地区超速、超温、喘振时受损伤。

3.4.5 冒烟限制

该模块用来防止发动机在瞬态和稳态工况下冒黑烟。该限制值是一个随增压压力和发动机转速变化的值，增压压力用来补偿空气密度的变化。

3.4.6 最高转速控制

该模块的作用在于在高转速、低水温的状态下，通过限制油量来防止发动机受到热负荷和机械损伤。最高转速油量限制在零油量最高转速附近进行发动机转速闭环控制，零油量转速要根据冷却水温和蓄电池过压保护进行选择。

3.4.7 油门油量

此模块主要是建立油门踏板与发动机油量输出的关系，其脉谱输入量为油门开度和发动机转速，输出值为指令油量。通过该脉谱，驾驶员达到控制车速进而控制车辆运行的目的。

3.4.8 预热控制

预热控制功能只针对预热格栅，控制其继电器通断。继电器的电阻特性和预热格栅电线的内径会影响预热控制的效果。

3.4.9 怠速微调

此功能允许驾驶员在一定的转速范围内，人工手动调节目标怠速转速。在一定的使能条件满足的情况下，通过设定相应标志位启用该功能，按动相应的调节开关，则可以适当地调节当前目标怠速转速，而且调整的结果将适用于以后的发动机运行过程（图 3-4-2）。

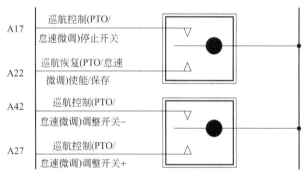

图 3-4-2 巡航/PTO/怠速微调开关组电气连接线图

注意：怠速微调开关组与 PTO、巡航控制共用，定义如下。

① 怠速微调使能，也用作 PTO 使能、巡航控制恢复。

② 怠速微增，也用作 PTO 调整＋、巡航控制调整＋。

③ 怠速微减，也用作 PTO 调整－、巡航控制调整－。

④ 怠速微调停止，也用作 PTO 停止、巡航控制停止（不选用巡航控制功能时可以不装，通过怠速微调使能开关退出怠速微调模式）。

开关组类型要求都是自复位型常开开关，微增微减，建议使用双向开关。

其他必要的开关等条件的配置：刹车开关（选用 PTO 时，要激活怠速微调必需），排气制动请求开关（必需），油门踏板（必需）。

（1）怠速微调的激活条件　怠速微调功能允许启用；车速传感器正常，并且车速低于标定值；发动机处于怠速状态；油门无故障；蓄电池电压高于标定值；冷却液温度高于标定值；如果选用了 PTO 功能，怠速微调的时候必须踩下刹车踏板，如果整车功能内无 PTO，该条件失效；巡航开关组无故障，且微增微减同时为 0；发动机转速介于标定范围内。

在以上条件同时成立且超过延时的前提下，怠速微调使能标志树立（开关有效的闭合又断开）。

（2）操作方法　闭合怠速微调使能开关不超过 1s 立刻断开，激活怠速微调；点动（闭合不超过一定时间再断开，此时间可标定，单位为 10ms）微增或微减开关，目标怠速增加或减少；持续按微增或微减开关也只能使目标怠速每次增加或减少；微增或微减的调节范围由相应标定限制值限制，当达到或超过调节范围时，以上述两个边界值进行输出。

在调整过程中闭合怠速微调使能开关 2s 以上再断开，退出此模式；只有退出怠速微调模式后，ECU 断电延迟时才会保存调整后的当前怠速值，ECU 下次上电便以此值为目标怠速。

注意：如果仍然处于怠速微调模式时，直接关钥匙，则 ECU 不会保存调整后的当前怠速值；系统重新上电后，当再次满足怠速微调的各种条件时，闭合怠速微调使能开关 2s 以上再断开，可以恢复出厂怠速。怠速微调只对出厂正常怠速起作用。

3.4.10　排气制动

排气制动的目的是为了给处于正常运行状态下的发动机提供一个辅助的制动力。满足一定的使能条件才能启用排气制动。当排气制动功能被触发时，燃油喷射被切断。排气制动功能启用标志被置位；发动机转速大于标定值，油门指令油量为 0（有效油门开度为 0）；排气制动开关闭合；离合器开关闭合（如果安装了离合器开关，则可通过相应标志位置 1 启用本判断条件）；车速必须大于标定值，并且车速传感器没有故障（如果安装了车速传感器，则可通过将车速传感器诊断标志 1 启用本判断条件）。

排气制动退出条件的判断需要经过一定时间的确认，在此时间延迟段内，喷射量仍然为 0，一旦经过此时间延迟段，燃油油量值在另一段标定时间内逐渐递变回所需的指令油量。

3.4.11　空调压缩机控制

空调开启使能条件主要包含：启动成功后过了一定时间（此时间同空调目标怠速提升的延迟时间）；冷却水温不低于某阈值，也不高于某滞回区间；没有其他要求关闭空调的故障发生，同时空调开关闭合。

以上使能条件同时成立，并维持超过一段时间，则压缩机控制继电器会被吸合；以上使能条件之一不再成立，并维持超过相应时间，则压缩机控制继电器被断开。

3.4.12　发动机转速输出

发动机转速输出：输出变频的 PWM（脉冲宽度调制）方波给仪表盘，以实时输出发动机转速，占空比不可标定，固定为 50%。

3.4.13　远程油门控制

远程油门控制的激活条件如下，以下条件必须同时满足。
① 远程油门控制开关闭合。
② 发动机处于怠速工况。
③ 车速传感器无故障，且车速不大于 2km/h（不可标定）。
④ 远程油门开度等于 0。

远程油门控制的退出条件（远程油门停止工作，主油门恢复发动机的控制权）如下，以下前三个条件必须同时满足，最后一个条件独立成立时也可退出。

　　① 远程油门控制开关断开。

　　② 发动机处于怠速、上电静止或停机工况。

　　③ 主油门开度等于 0。

　　④ 车速传感器无故障，且车速大于 4km/h（不可标定）。

3.5
系统电路图

3.5.1　ECU 外部电路连接原理图

　　霍尔式和磁电式曲轴传感器的电路原理图不同，玉柴系统为磁电式，其余机型为霍尔式。必须按照图示电路图连接油泵执行器、ECU、传感器、整机、整车电气仪表指示灯（图 3-5-1～图 3-5-3）。

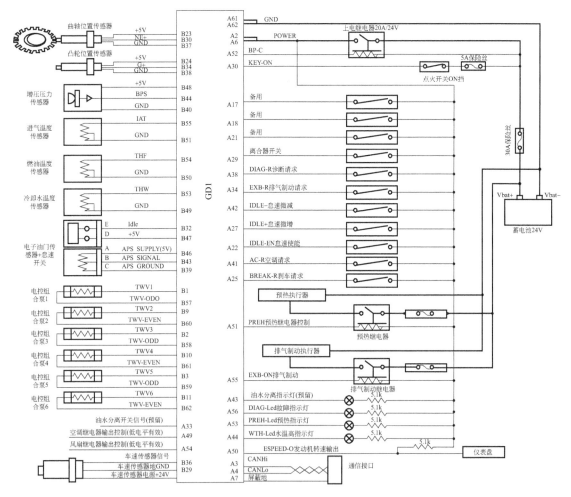

图 3-5-1　六缸外围电路（霍尔式曲轴传感器）

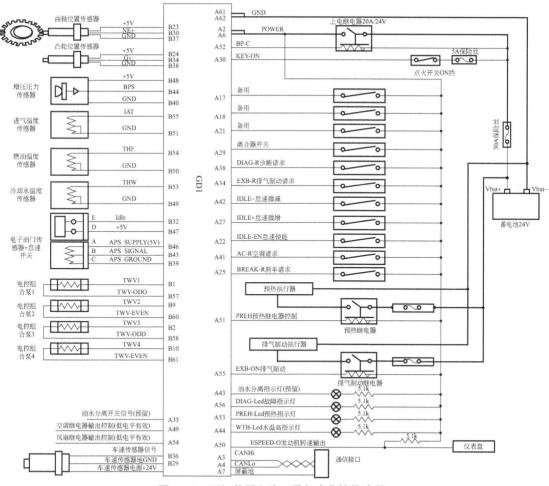

图 3-5-2　四缸外围电路（霍尔式曲轴传感器）

3.5.2　ECU 端接插件

ECU 端接插件引脚如图 3-5-4 所示。

ECU 接插件引脚定义如表 3-5-1 所示（霍尔式曲轴传感器）。

表 3-5-1　ECU 接插件引脚定义表

| 序号 | ECU 端接头 A 端 | | | ECU 端接头 B 端 | | |
| | 线束端：A | | | 线束端：B | | |
	引脚	定义	描述	引脚	定义	描述
1	A1		备用	B1	TWV1	电磁阀 1 驱动低端
2	A2	POWER	主电源 Vbatt+	B2	TWV3	电磁阀 3 驱动低端
3	A3	CANH	CAN 通信高	B3	TWV5	电磁阀 5 驱动低端
4	A4	CANL	CAN 通信低	B4		备用
5	A5		备用	B5		备用
6	A6	POWER	主电源 Vbatt+	B6		备用
7	A7	CANGND	CAN 总线屏蔽地	B7		备用
8	A8		备用	B8		备用
9	A9		备用	B9	TWV2	电磁阀 2 驱动低端

序号	ECU 端接头 A 端			ECU 端接头 B 端		
	线束端：A			线束端：B		
	引脚	定义	描述	引脚	定义	描述
10	A10		备用	B10	TWV4	电磁阀 4 驱动低端
11	A11		备用	B11	TWV6	电磁阀 6 驱动低端
12	A12		备用	B12		备用
13	A13		备用	B13		备用
14	A14		备用	B14		备用
15	A15		备用	B15		备用
16	A16		备用	B16		备用
17	A17		备用	B17		备用
18	A18		备用	B18		备用
19	A19		备用	B19		备用
20	A20		备用	B20		备用
21	A21		备用	B21		备用
22	A22	IDLE-EN	怠速微调使能开关	B22		备用
23	A23		备用	B23	VCC1	曲轴位置传感器+5V
24	A24		备用	B24	VCC1	凸轮轴位置传感器+5V
25	A25	BRAKE-R	刹车开关信号	B25		备用
26	A26	START-ON	起动机信号	B26		备用
27	A27	IDLE+	怠速微调增	B27		备用
28	A28		备用	B28		备用
29	A29	CLUTCH	离合器开关信号	B29		备用
30	A30	KEY-ON	上电开关信号	B30	NE+	曲轴位置传感器信号
31	A31		备用	B31	VCC1	电子油门电源+5V
32	A32		备用	B32	IDLE	电子油门怠速触点信号
33	A33		备用	B33		备用
34	A34	EXB-R	排气制动请求开关信号	B34	G+	凸轮位置传感器信号
35	A35		备用	B35		备用
36	A36		备用	B36	SPEEDIN	车速传感器信号
37	A37		备用	B37	AGND	曲轴位置传感器地
38	A38		备用	B38	AGND	凸轮位置传感器地
39	A39		备用	B39	AGND	电子油门传感器地
40	A40		备用	B40	AGND	进气压力传感器地
41	A41	A/C-R	空调请求开关	B41		备用
42	A42	IDLE-	怠速微调减开关	B42		备用
43	A43		备用	B43	ACCP1	电子油门传感器信号
44	A44	WTR-LED	高水温指示灯	B44	BPS	进气压力传感器信号
45	A45		备用	B45		备用
46	A46		备用	B46	VCC1	电子油门传感器+5V
47	A47		备用	B47	VCC1	电子油门怠速触点+5V
48	A48		备用	B48	VCC1	进气压力传感器+5V
49	A49	FANCtr10	空调继电器控制	B49	AGND	冷却水温度传感器地
50	A50	ESP-out	发动机转速输出	B50	AGND	燃油温度传感器地

序号	ECU 端接头 A 端			ECU 端接头 B 端		
	线束端:A			线束端:B		
	引脚	定义	描述	引脚	定义	描述
51	A51	PREH	预热继电器控制	B51	AGND	进气温度传感器地
52	A52	BP-C	主继电器控制	B52		备用
53	A53	PREH-LED	预热指示灯	B53	THW	冷却水温度传感器信号
54	A54	AC-Ctrl	散热风扇控制	B54	THF	燃油温度传感器信号
55	A55	EXB-ON	排气制动继电器控制	B55	IAT	进气温度传感器信号
56	A56	DIAG-LED	故障指示灯	B56		备用
57	A57		备用	B57	TWV-ODD	电磁阀 1 驱动高端
58	A58		备用	B58	TWV-ODD	电磁阀 3 驱动高端
59	A59		备用	B59	TWV-ODD	电磁阀 5 驱动高端
60	A60		备用	B60	TWV-EVEN	电磁阀 2 驱动高端
61	A61	GND	主电源地	B61	TWV-EVEN	电磁阀 4 驱动高端

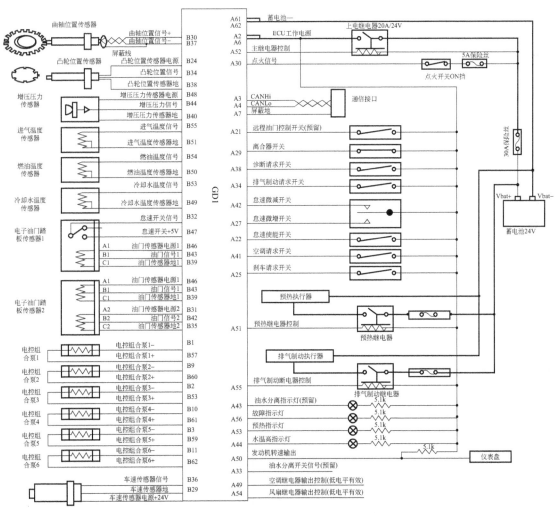

图 3-5-3　六缸外围电路（磁电式曲轴传感器）

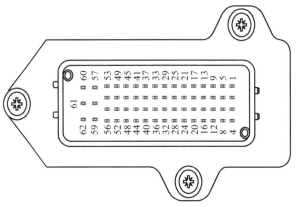

图 3-5-4　ECU 端接插件引脚

3.6
安装说明与安装要求

电控单体组合泵拆装必须由经过专业培训的人员进行。在拆装过程中必须注意以下事项。

① 与发动机的安装机械相位符合要求，即发动机第一缸压缩上止点时，油泵正时销定位端插入在正时槽内。安装后正时销反装，避免发动机旋转损坏油泵。

② EUP 的安装缸顺序不能调换，否则要修改 ECU 内部的脉谱。

③ 拆装必须在清洁环境下进行，保证零部件的清洁度，装配前各零部件要清洗干净。

④ 拆装过程要防止磕碰。

⑤ 各紧固螺母拧紧力矩符合规定。

⑥ 电气线束接插件连接正确、可靠，防止短路。

⑦ 油泵运转前在凸轮轴腔加入适量合格的机油。

⑧ ECU 安装时，外壳不能接地。

⑨ 重新装配后应检查是否有泄漏。

⑩ 必须使用符合标准 GB 19147—2016《车用柴油》的柴油，燃油必须经过过滤。

3.7
故障码

故障码及对应的故障如表 3-7-1 所示。

表 3-7-1　故障码及故障描述

序号	故障码	故障描述	序号	故障码	故障描述
0	0x0122	油门信号超低限故障	3	0x0653	油门 5V 参考电压超高限故障
1	0x0123	油门信号超高限故障	4	0x2135	油门信号不合理故障
2	0x0652	油门 5V 参考电压超低限故障	5	0x2106	油门故障导致 limp home 模式

序号	故障码	故障描述	序号	故障码	故障描述
6	0x0107	增压压力传感器信号超低限	43	0x0182	燃油温度信号超低限
7	0x0108	增压压力传感器信号超高限	44	0x0183	燃油温度信号超高限
8	0x0698	增压压力5V参考电压超低限	45	0x0181	燃油温度信号不合理
9	0x0699	增压压力5V参考电压超高限	46	0x0180	燃油温度信号上电故障
10	0x1107	增压压力信号不合理—偏低	47	0x2228	大气压力电压超低限
11	0x1108	增压压力信号不合理—偏高	48	0x2229	大气压力电压超高限
12	0x0069	增压压力传感器上电故障	49	0x0072	大气温度电压超低限
13	0x0016	凸轮轴/曲轴信号同步错误	50	0x0073	大气温度电压超高限
14	0x0340	凸轮轴信号错误	51	0x0668	ECU内部温度电压超低限
15	0x0341	凸轮轴信号缺失	52	0x0669	ECU内部温度电压超高限
16	0x0335	曲轴信号错误	53	0x0666	ECU温度上电故障
17	0x0336	曲轴信号缺失	54	0x2147	驱动75V电压超低限
18	0x1229	电磁阀1开路	55	0x2148	驱动75V电压超高限
19	0x1233	电磁阀2开路	56	0x0227	2♯油门信号超低限故障
20	0x1237	电磁阀3开路	57	0x0228	2♯油门信号超高限故障
21	0x1241	电磁阀4开路	58	0x2136	两路油门信号关联故障
22	0x1245	电磁阀5开路	59	0x1253	电磁阀135高端对地短路故障
23	0x1249	电磁阀6开路	60	0x1254	电磁阀135高端对电源短路故障
24	0x1230	电磁阀1短路	61	0x1255	电磁阀246高端对地短路故障
25	0x1234	电磁阀2短路	62	0x1256	电磁阀246高端对电源短路故障
26	0x1238	电磁阀3短路	63	0x0475	排气制动开路故障
27	0x1242	电磁阀4短路	64	0x0477	排气制动低端对地短路故障
28	0x1246	电磁阀5短路	65	0x0478	排气制动低端对电源短路故障
29	0x1250	电磁阀6短路	66	0x0480	电子风扇开路故障
30	0x0642	传感器5V参考电压超低限故障	67	0x0691	电子风扇低端对地短路故障
31	0x0643	传感器5V参考电压超高限故障	68	0x0692	电子风扇低端对电源短路故障
32	0x0562	蓄电池电压超低限	69	0x0541	预热器低端对地短路故障
33	0x0563	蓄电池电压超高限	70	0x0542	预热器低端对电源短路故障
34	0x0560	蓄电池电压过高停喷	71	0x0543	预热器开路故障
35	0x0117	冷却水温传感器信号超低限	72	0x0645	空调离合器开路故障
36	0x0118	冷却水温传感器信号超高限	73	0x0646	空调离合器低端对地短路故障
37	0x1116	冷却水温传感器信号不合理	74	0x0647	空调离合器低端对电源短路故障
38	0x0217	冷却水温信号太高	75	0x0650	MIL开路故障
39	0x0115	冷却水温传感器上电故障	76	0x1651	MIL低端对地短路故障
40	0x0112	进气温度传感器信号超低限	77	0x1652	MIL低端对电源短路故障
41	0x0113	进气温度传感器信号超高限	78	0x0654	发动机转速输出开路故障
42	0x0110	进气温度传感器上电故障	79	0x1656	发动机转速输出低端对地短路故障

序号	故障码	故障描述	序号	故障码	故障描述
80	0x1657	发动机转速输出低端对电源短路故障	84	0x2606	预热灯低端对地短路故障
81	0x0655	高水温灯开路故障	85	0x2607	预热灯低端对电源短路故障
82	0x1653	高水温灯低端对地短路故障	86	0x2608	预热灯开路故障
83	0x1654	高水温灯低端对电源短路故障			

3.8
常见故障诊断与排除

常见故障原因及解决办法如表 3-8-1 所示。

表 3-8-1　常见故障诊断与排除

序号	故障模式	原因	解决办法
1	无法启动	ECU 没有上电	检查熔丝是否烧断
			检查线束连接是否正确、可靠
			检查主继电器是否正常
		低压油路有空气	排净空气
		凸轮轴、曲轴传感器无信号	调整凸轮轴传感器垫片厚度改变气隙
			更换传感器
		启动过程中电瓶电压低于 12V	充电或换电瓶
		输油泵不供油	换输油泵
		稳压阀坏	更换稳压阀
2	游车	曲轴、凸轮轴传感器不正常	调整凸轮轴传感器垫片厚度改变气隙
			更换传感器
		油路有空气	排净空气
3	油耗高	提前角改变	油泵安装正确
			检查曲轴传感器是否正常
		柱塞磨损	换单体泵
		控制阀磨损	换单体泵
4	动力不足	稳压阀坏	更换稳压阀
		柱塞磨损/断	换单体泵
		控制阀磨损	换单体泵
		增压压力进气温度传感器坏	换传感器
		冒烟限制脉谱值过小	修改脉谱
		输油泵供油能力不足	换输油泵
5	烟大	冒烟限制脉谱油量值过大	修改脉谱值
		提前角改变	正确安装油泵
			更换曲轴传感器

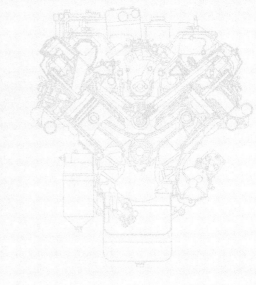

第**4**章

威特电控
单体泵系统

4.1
系统介绍

　　威泵 2000（WP2000）电控柴油喷射系统是成都威特公司为适应国家排放法规，满足中小型柴油发动机对排放、动力性、经济性等方面的需求而自主开发的柴油机电控燃油喷射系统。该系统体积小，结构紧凑，喷油压力高，具有冷启动控制、息速闭环控制、加速烟度控制、飞车保护、故障自动诊断等功能。系统通过 ECU 传感器监测发动机的工作状态，对柴油机各种运行工况进行实时判别、喷油定时、喷油量的精确控制，能显著提高柴油机的动力性、经济性和降低噪声。本系统适用于单缸功率为 20～40kW 的柴油机。系统安装、调试简单、维护方便、性能稳定可靠，特别适合中国国情。

　　发动机运行时，燃油喷射系统通过电控单元对发动机上各种传感器输入信号进行实时采集，判断出发动机的状态和运行工况，针对不同的发动机工况，根据控制策略查找存储在 ECU 内部的各种脉谱图，计算并输出脉宽和定时信号，驱动电磁阀，实现对柴油机喷油量和喷油定时的控制。

4.2
主要电控零部件结构、特性与拆装

4.2.1　电控单元（ECU）

　　ECU 控制器是电控系统的核心部分，电控单元由 ECU 电路板、接插件、盒体、冷却盒（选装）组成（图 4-2-1）。其硬件特点及工作要求如下：CPU 为 MOTOROLAMC6837632 位微控制器，输入电源 12～30VDC；工作环境温度－30～120℃；要求绝缘良好；ECU 的振动频率应小于 500Hz；远离热源（如排气管、三元催化器等）；附近无强电磁源，确保电磁屏蔽。

图 4-2-1　电控单元（ECU）

电控单元安装如图 4-2-2 所示。

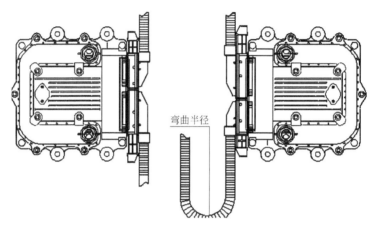

弯曲半径

(a) 正确的安装位置

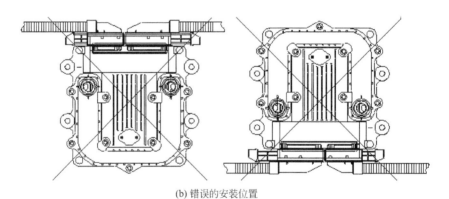

(b) 错误的安装位置

图 4-2-2　电控单元安装

4.2.2　线束部件

线束部件主要包括 ECU 插头（55 芯）、16 芯插头、电源线路、传感器线路（含各种传感器插头）、通信线路、控制线路以及保护线束波纹管组成（图 4-2-3）。

线束部件安装要求如下。

① 防震。线束在连接关系正确后应进行固定，防止机械震动引起刮损。

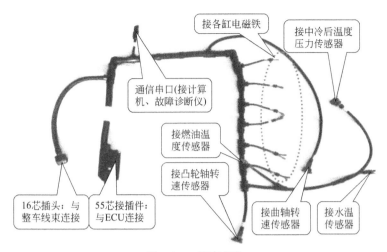

图 4-2-3　线束部件

② 防高温。同时应尽量远离发动机的高温区铺设；最高环境温度不能超过线束规定的最高工作温度。

③ 防干扰。远离电动机、发动机及其他大电流区域。

4.2.3　传感器

传感器是将被测物理量转换成电信号的器件，它们将系统状态传递给 ECU，在 ECU 中再将电信号转换成数字信号进行处理，其主要作用是采集 ECU 控制器所需的各种参数。其种类有油门传感器、水温传感器、燃油温度传感器、凸轮转速传感器、曲轴转速传感器和中冷后进气压力温度传感器。

（1）油门位置传感器　油门位置传感器用来测量司机的操作意图，转换成电信号输送给电控单元 ECU，是主要的输入信号。带怠速开关的电位器式油门位置传感器如图 4-2-4 所示。

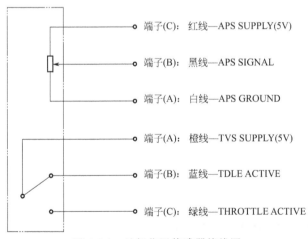

图 4-2-4　油门位置传感器接线图

（2）曲轴/凸轮轴转速传感器（图 4-2-5）　霍尔传感器采用 12VDC 供电；工作电压 6～16V，16～24V 持续时间≤2min；工作电流≤10mA；绝缘电阻≥1MΩ；工作温度−40～

＋150℃；严格保证传感器测量间隙在 1.0mm±0.2mm 范围内。传感器安装螺栓拧紧力矩 8～10N·m。

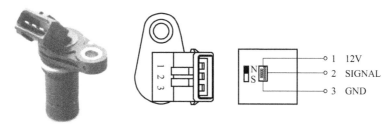

图 4-2-5　曲轴/凸轮轴转速传感器

（3）温度传感器　燃油温度传感器与冷却水温度传感器的型号相同，分别用于测量燃油温度与柴油机冷却水温（图 4-2-6、图 4-2-7）。温度测量范围－40～130℃；为负温度系数热敏电阻式。

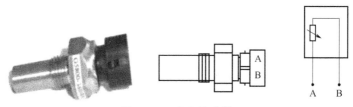

图 4-2-6　温度传感器

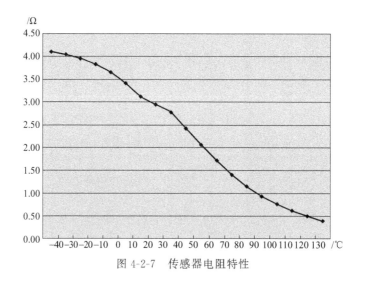

图 4-2-7　传感器电阻特性

（4）中冷后进气温度压力传感器（图 4-2-8）　工作电压（5.0±0.5）VDC；最大工作电压 16.5V，70℃（<1h）；工作电流<10mA；工作温度－40～＋125℃。

4.2.4　执行器（单体泵）

（1）结构（图 4-2-9）

（2）单体泵工作过程

① 吸油过程。柱塞在弹簧力作用下向下运动，电磁阀芯在弹簧复位力的作用下将密封锥面打开，燃油从阀芯锥面处进入柱塞顶部，完成吸油过程。

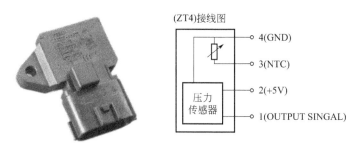

(ZT4)接线图

- 4(GND)
- 3(NTC)
- 2(+5V)
- 1(OUTPUT SINGAL)

压力传感器

图 4-2-8　中冷后进气温度压力传感器

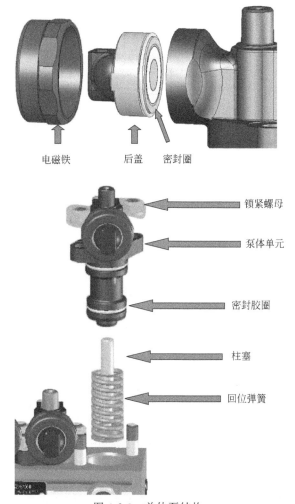

电磁铁　　后盖　　密封圈

锁紧螺母

泵体单元

密封胶圈

柱塞

回位弹簧

图 4-2-9　单体泵结构

　　② 泵油准备过程。柱塞在凸轮驱动下向上运动，燃油从柱塞顶部补输送至高压油腔，进行泵油的准备过程。

　　③ 建压过程。在柱塞上行泵油时，关闭电磁阀芯密封锥面，使泵油的压力迅速升高，打开喷油器，向燃烧室喷入高压燃油。

　　④ 泄压过程。当 ECU 断电后，电磁阀在回位弹簧的作用下，打开泄流通道，供油压力迅速下降，当低于喷油器的开启压力后使喷油器关闭，完成一个喷油循环过程。

4.2.5 油路总成

（1）油路组成　燃油箱、低压燃油管、油水分离器、手泵、燃油滤清器等部件由主机厂或整车厂配套。它们与 WP2000 总成配套的输油泵、回压阀和接头等共同构成系统低压油路。

（2）油路走向（图 4-2-10）

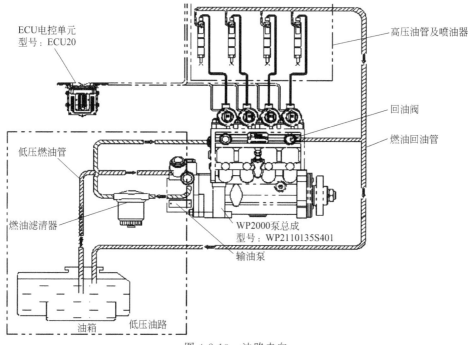

ECU电控单元
型号：ECU20

高压油管及喷油器

回油阀

燃油回油管

低压燃油管

燃油滤清器

WP2000泵总成
型号：WP2110135S401

输油泵

油箱　低压油路

图 4-2-10　油路走向

（3）低压燃油管　低压燃油管内径不小于 φ8mm，低压油管可以采用足够强度和性能的非金属管。从油箱到输油泵之间油管应保持连续向上，这样可以避免管路中蓄积气体。油管应该有足够韧性，避免短而直油管装配后导致接头漏油。

（4）滤清器（图 4-2-11）　精滤的性能要求如下：流量不小于 420L/h；压力损失在额定流量时不大于 100mmHg；效率不小于 90％，3～5μm；额定流量时杂质储存能力不小于 250mg。

图 4-2-11　滤清器

（5）回油阀　回油阀的作用是为系统提供合理的低压燃油背压压力，此回油阀的开启压力较常规回油阀的高，因此不能以常规件取代，否则会造成燃油系统穴蚀、启动困难等后果。回油阀安装在回油口位置，背压 0.4～0.6MPa。

（6）输油泵（图 4-2-12）　理论供油量 9L/min（额定点）；供油压力 0.4～0.6MPa；输油泵转速范围为 50～2000r/min，输油泵启动最低吸油转速 100r/min（输油泵满油状态）。

（7）喷油器　由于系统的压力较机械式喷油系统高得多，因此喷油器采用特定材料和工艺加工制成，其外形虽与普通喷油器接近，但不能以普通喷油器代之。本喷油器的主要参数如下：孔数×夹角 7×155°；开启压力 250～270bar；耐压指标

≥160MPa；接头螺纹 M14×1.5。

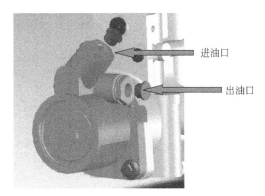

进油口

出油口

图 4-2-12　输油泵

4.3
系统相位

4.3.1　凸轮相位

凸轮信号盘有 9 个齿（8 个均布齿和一个多齿）。多齿与传感器轴线夹角为 122°；定位销孔和键槽夹角 45°。

4.3.2　曲轴相位

曲轴相位由飞轮上的 36＋1 孔确定，第一缸处于压缩上止点时曲轴信号相位感器的夹角为 65°（转过传感器）。凸轮轴转速传感器与曲轴转速传感器的型号相同，其安装间距要求均为 1.0mm±0.2mm。

4.4
系统工作原理

4.4.1　发动机控制功能

（1）发动机状态识别　根据发动机转速、加速踏板和点火（钥匙）开关位置状态等输入信号，判断发动机处于停机、启动、怠速、调速中的任意一个模式，对不同运行模式，采取相应的控制策略。

（2）启动控制　使用启动电机将发动机拖到一定转速后即进入启动控制，启动控制模块根据发动机转速和冷却水温度，通过启动油量和启动定时脉谱图得出喷油量和喷油定时，使发动机顺利启动。

① 确认启动的条件。发动机之前处于停机状态，发动机转速大于启动最低转速（90r/min）。

② 退出启动过程的条件。启动时间小于规定标准 15s，发动机转速大于启动状态最高转速（500r/min）。

③ 起动过程中的信号输入量。包括发动机转速，冷却水温度，燃油温度。

（3）怠速控制　当启动完成或驾驶员松开油门踏板后，发动机进入怠速状态。怠速控制首先根据脉谱图得出目标怠速，然后以目标怠速为控制目标进行发动机转速的闭环调节，使发动机转速稳在目标怠速附近。

进入怠速条件如下。

① 怠速开关为 1（常闭）。

② 发动机前状态为启动：发动机转速＞500r/min。

③ 发动机前状态为调速：发动机转速＞1200r/min。

（4）调速控制　调速控制直接反映驾驶员的驾驶意图，当驾驶人员踩下油门踏板后，调速控制根据油门踏板位置和发动机转速，由调速油量脉谱图和调速定时脉谱图得到相应的喷油量和喷油定时，以控制发动机的运行。

进入调速条件如下。

① 怠速开关为 0（常开）。

② 发动机前状态为启动：发动机转速＞500r/min。

③ 发动机前状态为调速：发动机转速＜1200r/min。

（5）发动机最高转速限制　限制发动机最高转速，防止飞车。电控系统通过两种方法对发动机的最高转速进行限制：控制软件内部设定最高发动机转速，发生发动机超速即停止喷油；或者制定合理的调速油量脉谱图，超过最高转速喷油量置 0。

（6）烟度限制　烟度限制在发动机各种瞬态工况下通过限制喷油量达到控制烟度排放的目的。首先根据中冷后空气压力、温度输入信号和发动机台架试验结果，计算实际空气流量，然后根据不同运转工况下的空燃比限制确定最大容许供油量，将此油量与当前喷油量相比较，输出较小者。

（7）水温过热保护　发动机运行过程中可能出现由于长时间大负荷运行或冷却系统故障等原因，而导致发动机冷却水温过高的状况，此时需要对发动机的负荷进行限制以防止对发动机造成损坏。水温过热保护根据不同的冷却水温度和工况，设定所允许的最大运行负荷，达到发动机保护的目的。

① 冷却液温度超过 98°，加速踏板限制最大 80%。

② 冷却液温度超过 105°，延时 60s 后发动机停机。

油温、进气温度过高保护和水温过高保护类似。

（8）分缸平衡　由于燃油系统、发动机等在制造生产上存在误差，并且在使用过程中会出现部件老化等，使得各缸喷油量不均匀而导致各缸输出功率不平衡。分缸平衡在发动机低负荷或怠速状态下，通过软件测量在各缸燃烧期内发动机瞬态转速，并加以比较，再通过调整各缸的油量，将瞬态转速的差别控制在一定范围内，使发动机运行更加平稳。

4.4.2　整车控制功能

（1）空调控制　电控系统不直接控制空调，而是在空调打开时通过提高怠速转速为空调提供功率。要实现此功能，只需将空调打开和关闭的信号（空调开关）提供给电控系统 ECU 即可。

（2）排气制动控制　车辆在连续下坡时，主制动系统热负荷非常大，长时间刹车将导致主制动系统部分或彻底失去制动功能。排气制动控制通过关闭安装于发动机排气管道上的阀门，使发动机排气受阻，从而迅速降低发动机转速。若此时发动机与车辆的动力连接没有分离（离合未脱离、非空挡），则发动机将成为车辆运行的阻力，从而达到车辆制动的目的。

排气制动控制分为自动恢复式排气制动和手动恢复式排气制动，可通过标定软件选择使用其中一种。

（3）自动恢复式排气制动操作方法

① 进入排气制动控制。松开油门踏板，将挡位置于非空挡，松开离合器，闭合排气制动开关，若此时发动机转速大于排气制动转速上限（此转速值可标定，如设定为1100r/min），电控系统将通过控制继电器将排气制动阀关闭，此时发动机即进入排气制动控制，转速迅速降低，同时排气制动指示灯亮，向驾驶人员指示当前正在进行排气制动。当发动机转速低于排气制动转速下限（此值可标定，如设定为900r/min），排气制动自动退出，电控系统打开排气制动阀，同时排气制动指示灯熄灭。此后若发动机转速再次大于排气制动转速上限，排气制动又自动启动以降低发动机转速，这样不断重复，发动机转速即在排气制动转速下限与排气制动转速上限之间波动。

② 退出排气制动控制。将排气制动开关打开即退出排气制动控制。另外，在排气制动过程中，若踩下油门踏板或离合器，排气制动也退出。

（4）手动恢复式排气制动操作方法

① 进入排气制动控制。松开油门踏板，将挡位置于非空挡，松开离合器，闭合排气制动开关（若开关已经处于闭合状态，将其打开后再闭合），若此时发动机转速大于排气制动维持转速（此转速值可标定，如设定为1000r/min），电控系统将通过控制继电器将排气制动阀关闭，此时发动机即进入排气制动控制，转速迅速降低，同时排气制动指示灯亮，向驾驶人员指示当前正在进行排气制动。当发动机转速低于排气制动维持转速，排气制动自动退出，电控系统打开排气制动阀，同时排气制动指示灯熄灭。排气制动退出后便不会自动进入，若需再次进行排气制动控制，需再次进行闭合排气制动开关（若开关已经处于闭合状态，将其打开后再闭合）的操作。

② 退出排气制动控制。欲退出排气制动控制，可选择打开排气制动开关、踩油门踏板或踩离合器，退出后便不再自动进入，若想再次进行排气制动控制，按照进入排气制动控制进行操作。

（5）巡航控制　巡航为车辆恒速控制，当车辆行驶于路况较好的路段时，驾驶人员可使车辆进入巡航控制，之后不需要驾驶人员的干预，车辆能自动保持一定的车速恒速行驶，从而减轻驾驶强度。使用方法如下。

① 进入巡航。将巡航ON/OFF开关置于ON位置，车辆挡位置于高于或等于最低巡航挡位（可比标定），踩油门踏板将车辆加速至最低巡航车速（可标定）与最高巡航车速（可标定）之间，按下Accel/Set按钮大于1s后松开，松开油门踏板，车辆即进入巡航控制，并以当前车速为目标车速进行控制。

② 退出巡航。退出巡航控制可采取以下操作：将巡航ON/OFF开关置于OFF位置，踩刹车，踩离合器。

③ 巡航中加/减目标车速。在车辆已处于巡航状态中需要加/减目标车速，应采取如下操作。

加车速：按下Accel/Set按钮，目标巡航车速将以每秒巡航车速加步长（可标定）增加，至最高巡航车速后不再增加。

减车速：按下Coast/Resume按钮，目标巡航车速将以每秒巡航车速减步长（可标定）递减，至最低巡航车速后不再减少。

（6）怠速微调　怠速微调是指在发动机怠速状态下，通过操作按钮对发动机的目标怠速在一定范围内进行调整。操作方法如下。

① 提高目标怠速。发动机处于怠速状态时，按下R＋按钮，目标怠速以每秒怠速微调R＋转速步长（可标定）增加，至最高怠速转速后不再增加。

② 降低目标怠速。发动机处于怠速状态时，按下S－按钮，目标怠速以每秒怠速微调

S—转速步长（可标定）降低，至最低怠速转速后不再减小。

③ 目标怠速记忆功能。ECU 能自动记录经过调整后的目标怠速，并将其作为默认目标怠速在以后使用。

（7）辅助动力输出（PTO）控制　辅助动力输出用于各种专用车辆，如自卸车、吊车、洒水车等，通过调整发动机的转速，为辅助动力设备提供功率输出。PTO 控制为车速闭环控制，当设定了一定的 PTO 目标转速之后，控制系统自动将发动机转速稳定在 PTO 目标转速附近。使用方法如下。

① 进入 PTO 控制在发动机怠速或调速状态下，将 PTO 开关闭合，即进入 PTO 控制，发动机转速将被调整到 PTO 预设转速。

② PTO 转速调整。当发动机处于 PTO 控制状态时，调节 PTO 目标转速可采取以下方法。

a. 按下 R＋按钮小于 1s 松开，发动机转速调整到 PTO1 转速。

b. 按下 S－按钮小于 1s 松开，发动机转速调整到 PTO2 转速。

c. 按下 R＋按钮大于 1s，PTO 目标转速将以每秒 PTOR＋调节转速步长增加，直至 PTO 转速上限。

d. 按下 S－按钮大于 1s，PTO 目标转速将以每秒 PTOS－调节转速步长递减，直至 PTO 转速下限。

③ 退出 PTO 控制。将 PTO 开关打开，即退出 PTO 控制，根据驾驶员是否踩油门踏板，退出到怠速（没踩油门踏板）或调速（踩油门踏板）。

4.5
系统电路图

4.5.1　发动机电路图（图 4-5-1）

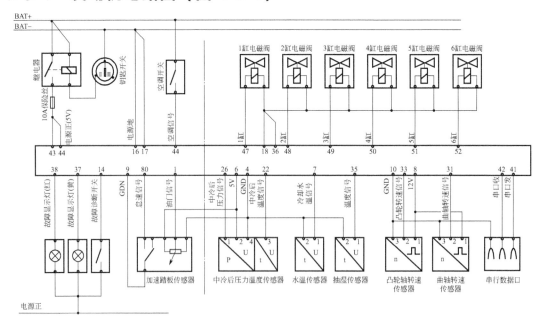

图 4-5-1　发动机电路图

4.5.2 整车电路接线图（图4-5-2）

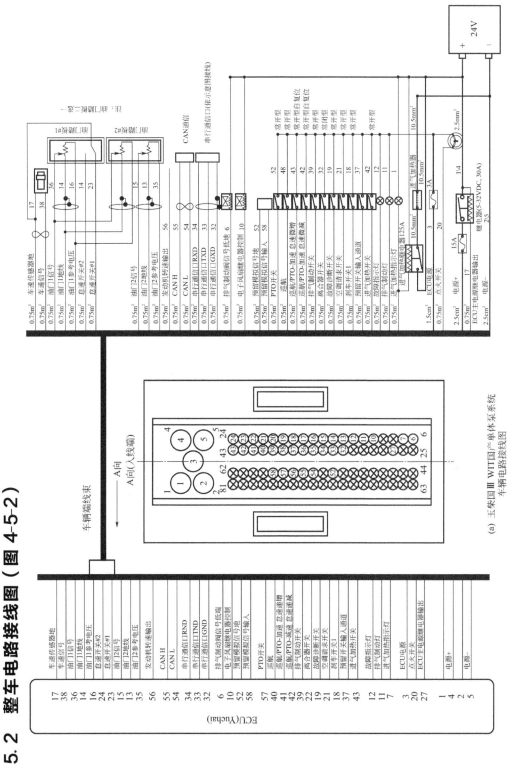

（a）玉柴国Ⅲ WIT国产单体泵系统车辆电路接线图

图 4-5-2

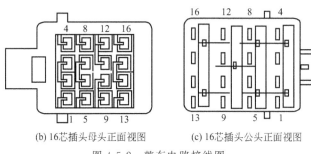

(b) 16芯插头母头正面视图　　　(c) 16芯插头公头正面视图

图 4-5-2　整车电路接线图

4.6

故障诊断

在发动机和车辆的运行过程中，电控燃油喷射系统的各组成部件可能会出现故障，如水温传感器失效、曲轴或凸轮轴转速信号异常、单体泵故障、喷射驱动模块损坏等。当出现故障时，发动机的运行会出现异常，某些故障还会导致发动机熄火。ECU 具备一定的故障诊断功能，能够自动诊断和记录出现的故障，并通过故障指示系统向驾驶人员或维修人员指示出发动机当前的故障状态，以便于车辆的使用和维修。

4.6.1　故障级别

故障级别用于表示当前出现的故障的严重程度，分为"一般故障"和"严重故障"。

① 一般故障。指系统存在如水温传感器、油温传感器、中冷温度压力传感器等的故障。出现此类故障时，通过控制系统的故障处理后，发动机能够正常运行，但动力性和排放会受到一定程度的影响。

② 严重故障。指系统存在会导致发动机运行恶化乃至停机的故障，如喷射故障、曲轴或凸轮轴转速信号异常等。

4.6.2　故障信息的显示及故障诊断操作

发动机的故障信息（故障级别、故障闪码）通过故障指示灯进行显示。指示灯显示故障级别还是显示故障闪码，由故障诊断开关控制。故障诊断开关有两种状态：闭合和未闭合。

① 故障诊断开关未闭合，故障指示灯显示故障级别。

当前无故障存在：指示灯不亮。

存在一般故障：指示灯慢闪烁，闪烁频率 1Hz。

存在严重故障：指示灯快速闪烁，闪烁频率 8Hz。

故障灯按当前存在的最严重的故障级别进行显示，即当一般故障和严重故障同时存在时，指示灯显示严重故障级别。

② 故障诊断开关闭合，故障指示灯显示故障闪码。

当前无故障存在：指示灯不亮。

当前存在故障：故障灯以闪码形式给出当前记录的所有故障码。

4.6.3　故障闪码定义

① 在显示每一个 4 位故障码之前，指示灯先快闪 3s，每次持续 0.125s，间隔 0.125s，

然后显示 4 位数故障码。

② 每个 4 位数故障码显示规则："灯亮一次，持续 1s"代表数字"0"，"灯亮一次，持续 0.5s"代表数字"1"，"灯亮 2 次，每次持续 0.5s，间隔 0.5s"代表数字"2"，"灯亮 3 次，每次持续 0.5s，间隔 0.5s"代表数字"3"，依次类推。同一故障码的 4 位数之间间隔 2s。

③ 各故障码之间通过 3s 的快速闪烁区分（每次持续 0.125s，间隔 0.125s）。

④ 所有记录的故障码显示完一遍之后，再从第一个开始进行循环显示。

4.7
常见故障检修（表 4-7-1）

表 4-7-1 故障码表

序号	故障代码	故障名称	维护措施	备注	故障级别
1	1001	发动机启动故障	按要求检查发动机,检查曲轴和凸轮传感器是否有故障	启动时间超过 15s	严重
2	0563	蓄电池电压过高	检查蓄电池及发电系统		严重
3	0201	第一缸喷射故障	检查驱动线路,若线路正确更换单体泵,仍有故障更换 ECU		一般
4	0202	第二缸喷射故障	检查驱动线路,若线路正确更换单体泵,仍有故障更换 ECU		一般
5	0203	第三缸喷射故障	检查驱动线路,若线路正确更换单体泵,仍有故障更换 ECU		一般
6	0204	第四缸喷射故障	检查驱动线路,若线路正确更换单体泵,仍有故障更换 ECU		一般
7	0205	第五缸喷射故障	检查驱动线路,若线路正确更换单体泵,仍有故障更换 ECU		一般
8	0206	第六缸喷射故障	检查驱动线路,若线路正确更换单体泵,仍有故障更换 ECU		一般
9	1010	燃油喷射故障	察看故障码确认故障缸号,按照"第 x 缸喷射故障"维护措施进行处理	超过 2 缸(含 2 缸)喷射故障时此报此故障	严重
10	0115	冷却水温传感器线路故障	检查传感器接线,若接线正确则需更换传感器		一般
11	0116	冷却水温传感器超出范围	AD 通道故障,更换 ECU		一般
12	0117	冷却水温低	检查冷却系统		一般
13	0118	冷却水温高	检查冷却系统		一般
14	0119	冷却水温传感器接触不良	检查传感器接线		一般
15	0217	冷却水温太高	检查冷却系统		严重

序号	故障代码	故障名称	维护措施	备注	故障级别
16	0110	中冷后温度传感器线路故障	检查传感器接线,若接线正确则需更换传感器		一般
17	0111	中冷后温度超出范围	AD通道故障,更换ECU		一般
18	0112	中冷后温度低	检查进气中冷系统		一般
19	0113	中冷后温度高			
20	0114	中冷后温度传感器接触不良	检查传感器接线		一般
21	0127	中冷后温度太高	检查进气中冷系统		一般
22	0105	中冷后压力传感器线路故障	检查传感器接线,若接线正确则需更换传感器		一般
23	0106	中冷后压力超出范围	AD通道故障,更换ECU		一般
24	0107	中冷后压力低			一般
25	0108	中冷后压力高			
26	0109	中冷后压力传感器接触不良	检查传感器接线		一般
27	0180	燃油温度传感器线路故障	检查传感器接线,若接线正确则需更换传感器		一般
28	0181	燃油温度传感器超出范围	AD通道故障,更换ECU		一般
29	0182	燃油温度低	检查燃油油路冷却系统		一般
30	0183	燃油温度高			
31	0184	燃油温度传感器接触不良	检查传感器接线		一般
32	0168	燃油温度太高	检查燃油油路冷却系统		一般
33	0335	曲轴转速传感器无信号	检查传感器接线		严重
34	0336	曲轴转速传感器信号异常	检查传感器安装间隙		严重
35	0345	凸轮轴位置传感器无信号	检查传感器接线		严重
36	0346	凸轮轴位置传感器信号异常	检查传感器安装间隙		严重
37	0120	油门位置传感器线路故障	检查传感器接线,若接线正确更换传感器		严重
38	0121	油门位置超出范围	AD通道故障,更换ECU		严重

第5章

德尔福（Delphi）电控单体泵系统

5.1

系统介绍

5.1.1　电控单体泵系统的功能（图 5-1-1）

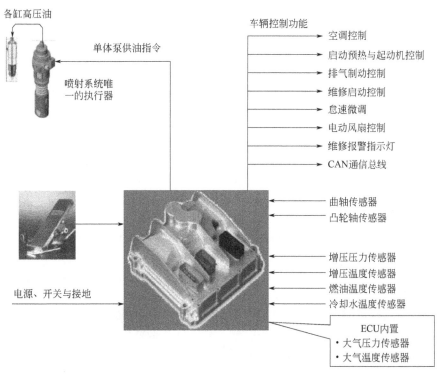

图 5-1-1　电控单体泵系统的功能

5.1.2 德尔福单体泵控制系统（图 5-1-2）

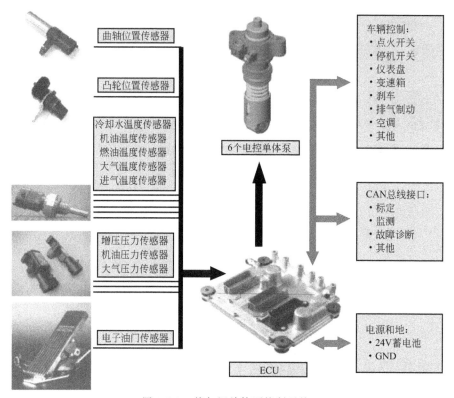

曲轴位置传感器

凸轮位置传感器

冷却水温度传感器
机油温度传感器
燃油温度传感器
大气温度传感器
进气温度传感器

增压压力传感器
机油压力传感器
大气压力传感器

电子油门传感器

6个电控单体泵

车辆控制：
• 点火开关
• 停机开关
• 仪表盘
• 变速箱
• 刹车
• 排气制动
• 空调
• 其他

CAN总线接口：
• 标定
• 监测
• 故障诊断
• 其他

电源和地：
• 24V蓄电池
• GND

ECU

图 5-1-2　德尔福单体泵控制系统

5.2
主要电控零部件结构、特性与拆装

5.2.1 单体泵工作原理

通过凸轮轴转动，柱塞上升压缩，使燃油增压，ECU 根据传感器发来的信号，经过处理计算后将喷油时刻、喷油量的最佳值指令传给电磁阀，通过电磁阀开关实现燃油定时定量的喷射进燃烧室（图 5-2-1）。

（1）单体泵特点　单体泵具有高达 1800bar 的高压喷射压力，双电磁阀系统，喷油干脆、断油迅速灵活的特点。

安装要求：单体泵压紧螺栓的拧紧力矩为 60N·m，分三次拧紧，第一次拧紧时拧到螺栓刚好贴单体泵则可，第二次拧到 20N·m，第三次拧到 60N·m。

在装配单体泵时在 O 形密封圈涂少许机油是为了润滑和密封。

（2）单体泵及挺柱滚轮总成（图 5-2-2）　单体泵及挺柱滚轮点成具有柱塞直径×冲程Φ11×16mm；50V 执行器；2 针接插件；激光点阵修正码；单油槽低压进油，独立泄油；欧Ⅲ、欧Ⅳ排放潜力；高达 2000bar 的喷射压力；独立的电气控制特性；1.5～2.6L/缸的典型应用范围。

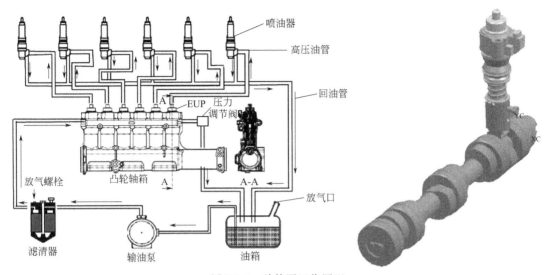

图 5-2-1　单体泵工作原理

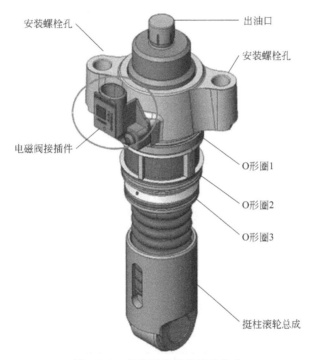

图 5-2-2　单体泵及挺柱滚轮总成

　　单体泵安装螺钉力矩是 65～70N·m，分三次交叉拧紧。拆卸时要注意，进行交叉拧松并要适当地敲松，不能全部拆掉螺钉后再拔单体泵，否则单体泵会自动跳出，造成事故。

　　注意事项：电控单体泵的电磁阀接插件上均有唯一的电控修正码，在应用前必须输入相应的控制器，以保证系统对各缸供油控制的精确性。电控单体泵及挺柱滚轮总成安装前要保持良好的清洁度。电控单体泵属于高技术的精密偶件总成构件，当发生故障时，请不要随意拆装。

5.2.2 电控单体泵系统的工作情况（图 5-2-3）

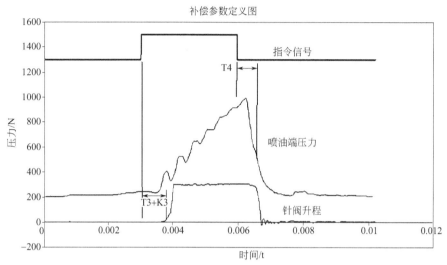

图 5-2-3　电控单体泵系统的工作情况

K3—液力延时；T3，T4—补偿系数

5.2.3 单体泵修正码（Trimcode）及相关说明

（1）单体泵修正码（Trimcode）　如图 5-2-4 所示。

（2）Trimcode 说明　查代码对应的时间补偿系数表，就可以得到它对应的补偿系数，每个代码对应两个参数，任选一个（图 5-2-5）。输入后需关电保存数据。

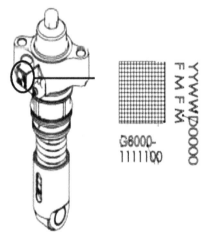

图 5-2-4　单体泵修正码

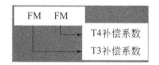

图 5-2-5　Trimcode 说明

（3）Trimcode 补偿系数表　如表 5-2-1 所示。

表 5-2-1　Trimcode 补偿系数表

序号	A	B	C	D	E	F	G	H	I	J	K	L	M	N	O	P
1	GB	127	CJ	92	JK	56	BM	20	LL	−16	MB	−52	KJ	−88	DK	−124
2	GB	126	CJ	91	JK	55	BM	19	LL	−17	MB	−53	KJ	−89	DK	−125

序号	A	B	C	D	E	F	G	H	I	J	K	L	M	N	O	P
3	GF	126	CH	90	JD	54	BE	18	LA	−18	MF	−54	KH	−90	DD	−126
4	GF	125	CH	89	JD	53	BE	17	LA	−19	MF	−55	KH	−91	DD	−127
5	GL	124	CB	88	HJ	52	BK	16	LM	−20	ML	−56	KB	−92		
6	GL	123	CB	87	HJ	51	BK	15	LM	−21	ML	−57	KB	−93		
7	GA	122	CF	86	HH	50	BD	14	LE	−22	MA	−58	KF	−94		
8	GA	121	CF	85	HH	49	BD	13	LE	−23	MA	−59	KF	−95		
9	GM	120	CL	84	HB	48	FJ	12	LK	−24	MM	−60	KL	−96		
10	GM	119	CL	83	HB	47	FJ	11	LK	−25	MM	−61	KL	−97		
11	NE	118	CA	82	HF	46	FH	10	LD	−26	ME	−62	KA	−98		
12	NE	117	CA	81	HF	45	FH	9	LD	−27	ME	−63	KA	−99		
13	GK	116	CM	80	HL	44	FB	8	AJ	−28	MK	−64	KM	−100		
14	GK	115	CM	79	HL	43	FB	7	AJ	−29	MK	−65	KM	−101		
15	GD	114	CE	78	HA	42	FF	6	AH	−30	MD	−66	KE	−102		
16	GD	113	CE	77	HA	41	FF	5	AH	−31	MD	−67	KE	−103		
17	NJ	112	CK	76	HM	40	FL	4	AB	−32	EJ	−68	KK	−104		
18	NJ	111	CK	75	HM	39	FL	3	AB	−33	EJ	−69	KK	−105		
19	NH	110	CD	74	HE	38	FA	2	AF	−34	EH	−70	KD	−106		
20	NH	109	CD	73	HE	37	FA	1	AF	−35	EH	−71	KD	−107		
21	NB	108	JJ	72	HK	36	FM	0	AL	−36	EB	−72	DJ	−108		
22	NB	107	JJ	71	HK	35	FM	−1	AL	−37	EB	−73	DJ	−109		
23	NF	106	JH	70	HD	34	FE	−2	AA	−38	EF	−74	DH	−110		
24	NF	105	JH	69	HD	33	FE	−3	AA	−39	EF	−75	DH	−111		
25	NL	104	JB	68	BJ	32	FK	−4	AM	−40	EL	−76	DB	−112		
26	NL	103	JB	67	BJ	31	FK	−5	AM	−41	EL	−77	DB	−113		
27	NA	102	JF	66	BH	30	FD	−6	AE	−42	EA	−78	DF	−114		
28	NA	101	JF	65	BH	29	FD	−7	AE	−43	EA	−79	DF	−115		
29	NM	100	JL	64	BB	28	LJ	−8	AK	−44	EM	−80	DL	−116		
30	NM	99	JL	63	BB	27	LJ	−9	AK	−45	EM	−81	DL	−117		
31	NE	98	JA	62	BF	26	LH	−10	AD	−46	EE	−82	DA	−118		
32	NE	97	JA	61	BF	25	LH	−11	AD	−47	EE	−83	DA	−119		
33	NK	96	JM	60	BL	24	LB	−12	MJ	−48	EK	−84	DM	−120		
34	NK	95	JM	59	BL	23	LB	−13	MJ	−49	EK	−85	DM	−121		
35	ND	94	JE	58	BA	22	LF	−14	MH	−50	ED	−86	DE	−122		
36	ND	93	JE	57	BA	21	LF	−15	MH	−51	ED	−87	DE	−123		

5.2.4 单体泵总成和控制器

（1）单体泵室外观　如图 5-2-6 所示。

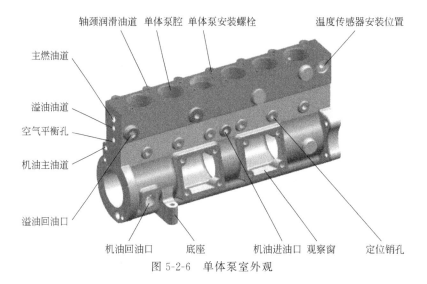

轴颈润滑油道 单体泵腔 单体泵安装螺栓　　温度传感器安装位置

主燃油道

溢油油道

空气平衡孔

机油主油道

溢油回油口

机油回油口　　　底座　　　机油进油口　观察窗　　　定位销孔

图 5-2-6　单体泵室外观

（2）单体泵室油路分布　如图 5-2-7 所示。

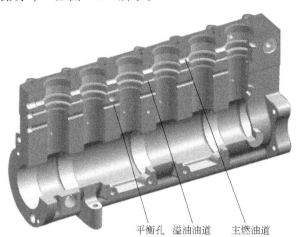

平衡孔　溢油油道　主燃油道

图 5-2-7　单体泵室油路分布

（3）改进后的金属模泵室　如图 5-2-8 所示。

（4）改进后的泵室加装了两个贯穿螺钉　如图 5-2-9 所示。

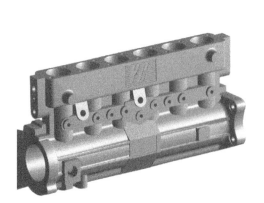

两个贯穿螺钉

图 5-2-8　改进后的金属模泵室　　　　图 5-2-9　改进后的泵室加装了两个贯穿螺钉

5.2.5 主燃油系统及油路走向

主燃油系统及油路走向如图 5-2-10 所示。

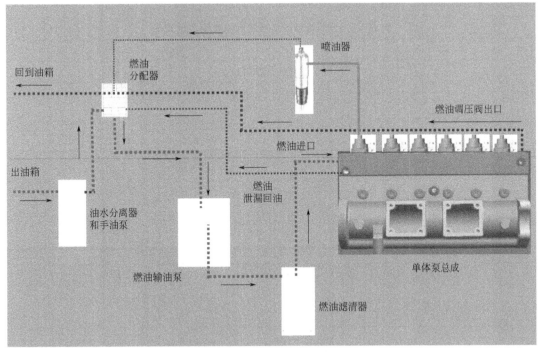

图 5-2-10 主燃油系统及油路走向

（1）燃油低压油路 应考虑足够的压力防穴蚀，足够的流量冷却。进油压力 3～6bar，输油泵流量 7～9L/min，泄漏燃油管路压力＜0.3bar。

试验台安装时应将此回油管接到低压处，如燃油冷却器进口；整车上应将此回油管接到输油泵进口；整车上应将此回油管接到输油泵进口。

如发现此回油管有大量回油，表明单体泵密封不正常，应停机检查。整车上可以用回油管的回油大小来判断部分油路的工作情况。

（2）燃油滤清要求

① 主滤清器。滤清效率：－85％，3～5μm（single-pass）（ISO13353）；－98.5％，3～5μm（multi-pass）。

② 粗滤器。滤清效率：85％，25μm。

水分离 70％～80％（ISO4020）。

燃油系统清洁度要求如下。

定义：每 1mL 燃油样本所含的颗粒数。

颗粒尺寸颗粒数范围：

小于 6μm，320～640；小于 14μm，20～40。

最大颗粒尺寸＜100μm；水含量＜2％。

使用非玉柴指定滤清器非常容易导致燃油系统的早磨。

5.3
系统常用功能（表 5-3-1）

表 5-3-1　玉柴电控单体泵发动机常用控制功能

序号	功能名称	描述
	发动机控制功能	
1	油门油量控制	油门油量控制模块根据油门开度与柴油机转速计算出油门油量,从而可以控制柴油机转速与车辆运行速度
2	智能动力控制	短期超载,即短期增大输出扭矩的限制值,以方便司机不换挡爬坡
3	启动预热控制	在冷启动工况下对柴油机进气进行加热
4	怠速控制	采用闭环控制方法使柴油机的转速稳定在设定怠速转速附近,并向其他运行工况的平稳过渡
5	可变怠速仲裁控制	根据各种温度、蓄电池电压与空调请求调节怠速运行速度
6	各缸平衡控制	减少柴油机怠速工况下各缸之间的转速波动
7	单体泵校正	对每个单体泵进行修正,以提高各缸均匀性和一致性
8	最高转速控制	在高转速运行或冷机状态下限制喷油量,避免柴油机因过大的机械应力或热负荷受到损害
9	最大供油量控制	根据柴油机转速与其他车辆运行参数,对指令油量进行限制,从而保证柴油机免受因过大的机械应力与热负荷而导致的损害
10	故障指示灯	通过故障显示灯一定频率的闪烁显示故障码,以便于维修
	整车控制功能	
11	排气制动(玉柴不采用)	在柴油机正常运行的条件下,提供一定的反作用力,以降低车辆的运行速度
12	怠速微调	司机可根据当前车辆的实际使用情况(如负载情况、空调等附件使用情况)实时调整怠速,并提供记忆功能
13	长怠速停机	是避免怠速长时间的运行。当怠速运行达到一定时间,该模块首先会闪烁红灯提醒司机,而司机又没有任何指令时,会自动停机。现在没有使用
14	转速表输出(玉柴不采用)	向仪表盘上的转速表提供发动机转速信号
15	冷却风扇控制(电动风扇情况下)(玉柴不采用)	风扇延迟控制模块控制风扇的运行,以调整冷却水温度,为空调机组提供足够的冷却,并保证冷却系的高效运行

5.4
系统电路图

电控单体泵发动机车辆电路连接图如图 5-4-1 所示。

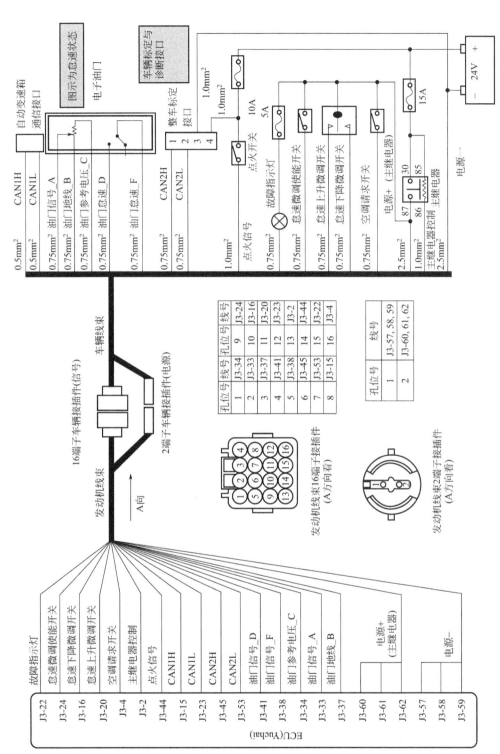

图5-4-1 电控单体泵发动机车辆电路连接图

5.5
故障诊断

　　首先简述电控单体泵的工作原理：单体泵产品与机械泵相比，起动机电气原理相同，而喷油改为 ECU 控制。正常情况，点火钥匙转到 ON 挡，ECU 检测到 ON 挡接通后，控制ECU 继电器吸合，ECU 通电，此时仅需检测到发动机转速信号，ECU 即会驱动油泵喷油。因此，即使存在故障，只需点火钥匙信号、ECU 继电器、转速传感器、相位传感器（转速、相位传感器分别采集曲轴、凸轮轴齿轮信号）与发动机总成连接正确且无故障，发动机是可以启动的。启动后如果油门踏板无响应，而转速维持比怠速略高，则 ECU 进入"跛行回家"的故障模式。电控系统出现故障时，仪表上的发动机故障灯（黄色发动机符号）会点亮。ECU 故障分不同等级，一般故障时车辆仍可继续行驶，ECU 采取限速与限扭的保护模式；严重故障会导致"跛行回家"，甚至熄火。

　　ECU 故障可通过诊断仪或者闪码来确认。闪码是 ECU 通过故障指示灯发出的一系列编码，与故障模式一一对应，通过诊断开关触发。玉柴单体泵闪码表详见表 5-5-1。例如：当故障灯闪烁形式为"闪 3 次-暂停-闪 2 次"，则查得闪码表"32"对应的故障模式为油门信号故障，此现象在车间调试常见，多为油门踏板接线问题，也可能是电子油门踏板本身失效。

　　故障处理应首先对车辆最近运行状态、车辆保养、故障现象了解清楚，再结合故障诊断仪或者闪码分析故障代码，"一问""二看""三检查"是故障排除的首要条件。故障排除应首先弄清故障现象，分析故障原因；其次缩小故障范围，确定故障部位；最后排除故障。

表 5-5-1　玉柴单体泵 ECU 闪码表

序号	故障名称	闪码	故障级别	序号	故障名称	闪码	故障级别
1	油门信号超低限	32	严重	17	曲轴信号自校验错误	143	严重
2	油门信号超高限	32	严重	18	曲轴信号缺失	143	严重
3	油门 5V 参考电压超低限	522	严重	19	电磁阀 1 开路	332	严重
4	油门 5V 参考电压超高限	522	严重	20	电磁阀 2 开路	334	严重
5	油门信号不合理	32	严重	21	电磁阀 3 开路	336	严重
6	油门故障导致 limphome	32	严重	22	电磁阀 4 开路	342	严重
7	增压压力传感器信号超低限	46	严重	23	电磁阀 5 开路	344	严重
8	增压压力传感器信号超高限	46	严重	24	电磁阀 6 开路	351	严重
9	增压压力 5V 参考电压超低限	515	严重	25	电磁阀 1 短路	333	严重
10	增压压力 5V 参考电压超高限	515	严重	26	电磁阀 2 短路	335	严重
11	增压压力信号不合理—偏低	46	严重	27	电磁阀 3 短路	341	严重
12	增压压力信号不合理—偏高	46	严重	28	电磁阀 4 短路	343	严重
13	增压压力传感器上电故障	46	严重	29	电磁阀 5 短路	345	严重
14	凸轮轴/曲轴信号同步错误	144	严重	30	电磁阀 6 短路	346	严重
15	凸轮轴信号自校验错误	142	严重	31	传感器 5V 参考电压 A 超低限	515	严重
16	凸轮轴信号缺失	142	严重	32	传感器 5V 参考电压 A 超高限	515	严重

序号	故障名称	闪码	故障级别	序号	故障名称	闪码	故障级别
33	蓄电池电压超低限	41	严重	69	预热器继电器对电源短路	35	一般
34	蓄电池电压超高限	41	严重	70	预热器继电器开路	35	一般
35	蓄电池电压过高限制转速	41	严重	71	空调继电器开路	11	一般
36	冷却水温传感器信号超低限	116	严重	72	空调继电器对地短路	11	一般
37	冷却水温传感器信号超高限	116	严重	73	空调继电器对电源短路	11	一般
38	冷却水温传感器信号不合理	116	严重	74	故障灯开路	362	一般
39	冷却水温过高热保护	121	严重	75	故障灯对地短路	362	一般
40	冷却水温传感器上电故障	116	严重	76	故障灯对电源短路	362	一般
41	进气温度传感器信号超低限	15	严重	77	发动机转速输出开路	226	一般
42	进气温度传感器信号超高限	15	严重	78	发动机转速输出对地短路	226	一般
43	进气温度传感器上电故障	15	严重	79	发动机转速输出对电源短路	226	一般
44	燃油温度信号超低限	254	一般	80	高水温灯开路	261	一般
45	燃油温度信号超高限	254	一般	81	高水温灯低端对地短路	261	一般
46	燃油温度信号不合理	254	一般	82	高水温灯低端对电源短路	261	一般
47	燃油温度信号上电故障	254	一般	83	预热灯低端对地短路	115	一般
48	大气压力电压超低限	34	一般	84	预热灯低端对电源短路	115	一般
49	大气压力电压超高限	34	一般	85	预热灯开路	115	一般
50	ECU 内部温度电压超低限	123	一般	86	车速传感器漏齿	544	一般
51	ECU 内部温度电压超高限	123	一般	87	车速传感器故障-超速	544	一般
52	ECU 内部温度上电故障	123	一般	88	点火开关故障	532	一般
53	电磁阀驱动高压超低限	263	严重	89	启动开关故障	533	一般
54	电磁阀驱动高压超高限	263	严重	90	怠速触点开关故障	32	一般
55	2#油门信号超低限	33	严重	91	空调请求开关故障	12	一般
56	2#油门信号超高限	33	严重	92	排气制动请求开关故障	113	一般
57	两路油门信号关联故障	33	严重	93	离合器开关故障	112	一般
58	电磁阀135高端对地短路	323	严重	94	诊断请求开关故障	111	一般
59	电磁阀135高端对电源短路	322	严重	95	维修开关故障	212	一般
60	电磁阀246高端对地短路	325	严重	96	油水分离开关故障	211	一般
61	电磁阀246高端对电源短路	324	严重	97	远程油门切换开关故障	114	一般
62	排气制动继电器开路	151	一般	98	刹车开关故障	51	严重
63	排气制动继电器对地短路	152	一般	99	刹车开关2（与1相关）故障	51	严重
64	排气制动继电器对电源短路	146	一般	100	巡航开关组连锁故障	361	一般
65	电子风扇继电器开路	21	一般	101	巡航开关组卡滞故障	361	一般
66	电子风扇继电器对地短路	21	一般	102	传感器5V参考电压B超低限	522	严重
67	电子风扇继电器对电源短路	21	一般	103	传感器5V参考电压B超高限	522	严重
68	预热器继电器对地短路	35	一般				

典型电控故障处理流程如图 5-5-1 所示。

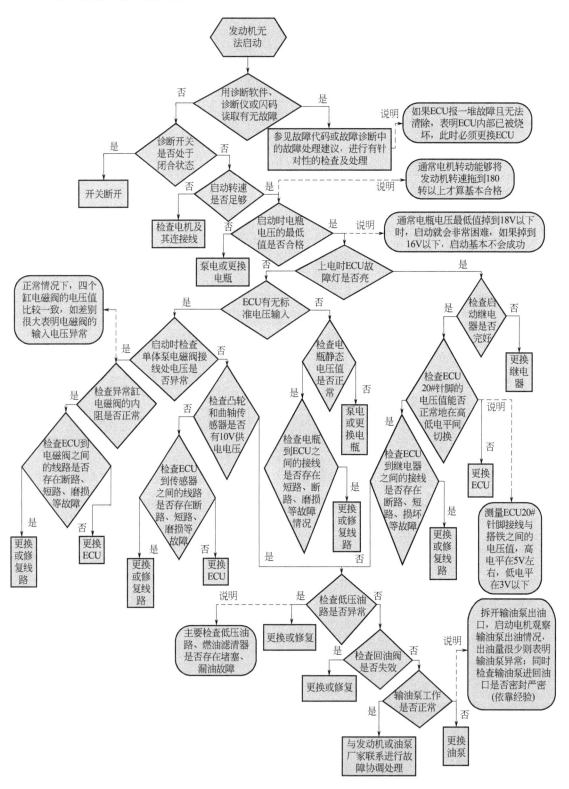

(a) 发动机无法启动故障处理流程

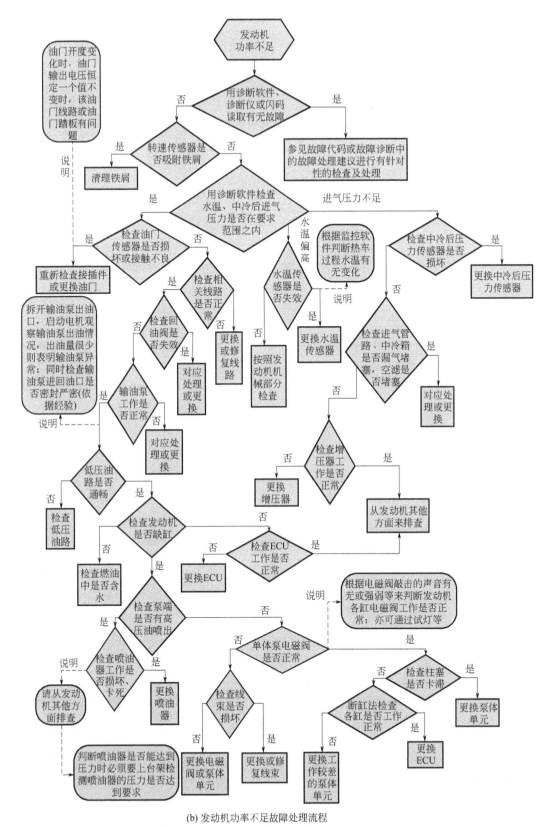

(b) 发动机功率不足故障处理流程

图 5-5-1　典型电控故障处理流程

5.6
常见故障分析与排除（表 5-6-1）

表 5-6-1　常见故障诊断与排除

故障现象	故障原因	故障解决
发动机不能启动、启动困难，或启动后易熄火	燃油不足	添加燃油至超出吸油口上沿
	油路堵塞或漏油	调整管路接头，或者更换油管
	燃油滤清器堵塞	更换燃油滤清器
	回油量超大，回油阀没有起到阻流作用	更换回油阀
	线束老化导致 ECU 供电不足	更换新的供电线束
	标定数据不合理	由专业人士分析、修改标定数据
电机不转或者声音嘶哑	电瓶漏电或老化	重新泵电，或更换蓄电池
发动机不能启动，点火钥匙上电后仪表的发动机故障灯不亮	线束断路、短路、磨损	检查蓄电池→ECU 总保险→ECU 继电器→ECU 之间的连线、点火信号 on→ECU 之间连线、与 ECU 搭铁线，改制线束
	ECU 线束接插头不牢靠，供电脚松动或折弯	修复插头或者更换线束
	ECU 总保险烧断	更换 ECU 总熔断器
	ECU 继电器失效	更换 ECU 继电器
发动机不能启动，点火钥匙上电后仪表的发动机故障灯常亮	线束断路、短路、磨损或者 ECU 接插件不牢靠	检查整车与 ECU 之间线束与接插件，以及 ECU 搭铁线，改制线束
	曲轴传感器失效、插接件不紧，或者间隙过大或过小	调整曲轴传感器间隙，紧固插接件，或更换传感器
	凸轮轴传感器失效、插接件不紧，或间隙过大或过小	调整凸轮轴传感器间隙，紧固插接件，或更换传感器
	曲轴或凸轮轴传感器线束（发动机自带）断路、短路、磨损	检查 ECU→曲轴传感器，或者 ECU→凸轮轴传感器连线，改制线束
	故障诊断仪读出大量故障，或者一系列闪码，则 ECU 可能失效	更换 ECU
油门不起作用，转速维持比怠速略高	通过故障仪读出油门踏板相关故障，或者闪码形式为"32"或"532"，则电子油门踏板故障或接触不良	检查电子油门踏板接线，或者更换电子油门踏板
发动机功率不足	空气滤清器堵塞	清理或更换空滤
	进气管路漏气或堵塞	清理管路，更换破损部件
	增压器故障	更换增压器
	油路堵塞或漏油	调整管路接头，或者更换油管
	燃油滤清器堵塞或者水杯满	清理或更换燃油滤清器

故障现象	故障原因	故障解决
发动机功率不足	回油阀量超大,回油阀没有起到阻流作用	更换回油阀
	缺缸	通过检查电磁阀是否正常、泵端是否有高压油喷出,以及电气接线是否正常,更换电磁阀、泵体单元或喷油器,或者修复线束
	电子油门踏板故障或接触不良	检查电子油门踏板接线,或者更换电子油门踏板
	凸轮轴或曲轴传感器失效	检查接线,调整间隙,更换传感器
	转速传感器吸附铁屑	清理铁屑
	水温传感器失效,比真实水温偏高	检查接线,或者更换水温传感器
	中冷后压力传感器失效	检查接线,或更换中冷后压力传感器
发动机转速异常波动,加速有突突的感觉,车辆最高车速不足	某个或者几个缸工作异常	检查电磁阀、泵端是否有高压油喷出,以及线束连接是否正常,更换电磁阀、泵体单元或喷油器,或者修复线束
发动机无力、冒烟、转速不稳等,故障灯亮	单体泵电磁阀失效	通过诊断仪或闪码表、测量线圈电阻、试灯,确定电磁阀故障,更换电磁阀
发动机无力、冒烟、转速不稳,故障灯不亮	单体泵的泵体失效	判断电磁阀正常,通过断缸法确认单体泵体故障,更换泵体单元
经常性烧毁 ECU	客户自行增加外接线路、反向电流进入 ECU	拆除外接线路,更换 ECU
	线束磨损漏电、短路	修复或更换线束
正常发车后,仪表的发动机故障灯亮		参照故障诊断仪的处理建议或者故障闪码进行有针对性的检查及处理,包括零部件、线束与插件,以及供电、搭铁线

第6章

德尔福（Delphi）电控高压共轨系统

6.1
德尔福电控高压共轨系统简介

6.1.1 系统介绍

① 欧Ⅲ发动机的一些零部件在外观上与欧Ⅱ发动机相同或相似，如喷油器、高压油管、柴油滤清器等，严禁用其他型号的零部件替换。

② 保持欧Ⅲ发动机燃油系统的清洁非常重要，否则会导致单体泵柱塞早磨。

③ 对于维修来说，电控系统零件我们没办法进行拆修，只能更换。

④ 丰富的欧Ⅱ柴油机维修知识和经验对欧Ⅲ柴油机的维修非常重要，欧Ⅲ柴油机的工作原理和欧Ⅱ柴油机差不多，只是燃油系统的改变。

⑤ 经过培训后也可以来维修欧Ⅲ柴油机。

⑥ 故障诊断仪只能检测到电控元件出的故障，并不能直接检测到机械故障，可通过相关参数变化来推断大致故障部位。

⑦ 欧Ⅲ发动机是发动机行业的一次更新，同时也是我们维修行业的一次巨大更新。

6.1.2 系统特征

德尔福中国4缸车用发动机电控管理统是采用电脑闭环控制多点燃油喷射、无分电器直接点火和三元催化器后处理技术。系统对发动机的供油和怠速采用的是闭环控制，闭环控制系统能够消除系统及相关机械零部件的制造差异，提高整车的综合一致性，还可消除车辆在实际使用后由于磨损等原因造成的误差。系统将发动机的四个汽缸分为1-4、2-3两组，分别进行供油和点火的控制。分组控制能使系统的结构得到最佳的优化和简化，从而降低零部件及制造加工的成本。系统采用三元催化器对发动机燃烧后的气体进行后处理，使之转化为无害气体排到大气。

6.1.3　系统组成

德尔福柴油机共轨喷射系统采用了模块化设计技术，便于应用于不同结构和形式的发动机之上。德尔福柴油机共轨喷射系统主要包括以下部件（图 6-1-1）：共用高压燃油储能器（共用油轨）；高压燃油调节器（选装元件）；内置高压泵并设计有进油计量初级供油泵结构的燃油泵；燃油喷射器（喷油器）；发动机电子控制单元（ECU）；燃油滤清器。

德尔福柴油机共轨喷射系统所配备的共用高压燃油储能器，亦称为"共用油轨"。通常被设计装配在发动机的气缸体或气缸盖上，由高压油泵向其提供高压燃油。共轨内部的燃油压力是通过发动机电子控制模块结合设计在高压油泵内部的进油计量装置和高压燃油调节器（当系统装备时）完成综合调节控制的。因此，系统燃油压力与发动机转速无关，即使在很低的发动机转速下，如果需要，系统也可以提供高压燃油并进行高压燃油喷射。一组若干个高压燃油喷射器将通过高压油管与共轨相连接。系统通过发动机电子控制模块直接驱动设计在燃油喷射器内部的电磁开关控制燃油喷射开启和关闭的时间和频率（图 6-1-2）。

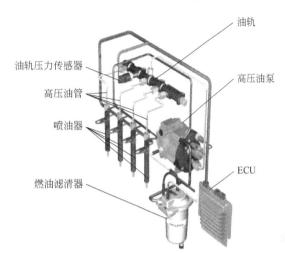

图 6-1-1　德尔福柴油机共轨喷射系统组成

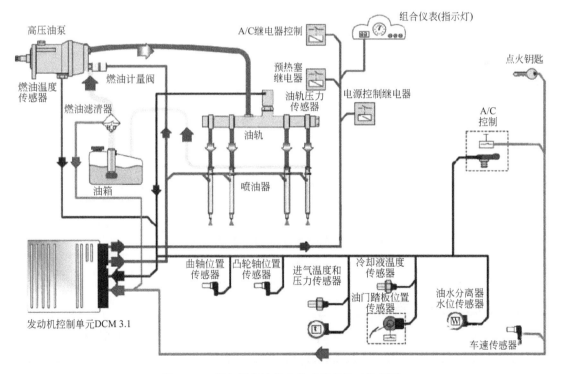

图 6-1-2　德尔福柴油机共轨喷射系统工作原理

6.2
燃油系统零部件结构、特性与拆装

6.2.1 燃油系统组成

（1）系统主要组成

低压油路组成：燃油箱、油水分离器、燃油分配器、输油泵、精滤器等部件；与油箱连接的进油管内径至少为 $\varphi 10 \mathrm{mm}$。

其作用为燃油的吸入、过滤，并给单体泵提供足够量 $0.4 \sim 0.7 \mathrm{MPa}$ 的低压燃油；输油泵流量为 $9 \sim 11 \mathrm{L/min}$，进油压力应为 $4 \sim 6 \mathrm{bar}$。

高压油路组成：电控单体泵、高压油管和喷油。

其作用为燃油的加压、分配和喷射。

（2）高压共轨燃油喷射系统管路连接图　如图 6-2-1 所示。

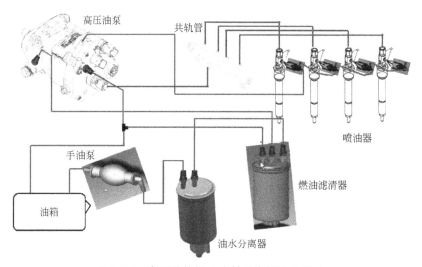

图 6-2-1　高压共轨燃油喷射系统管路连接图

（3）装配要求　系统装配中要保持零部件干净、整洁，保持工具干净、整洁，要注意保持零部件上的保护套，除非系统全部连接安装完毕。所有的零部件必须按规定的零件号装机，不可随意更换或用替代件。所有的零部件的安装必须遵循安装技术要求，如上紧扭矩、高压油泵的方向、喷油器接插件的方向等。所有的零部件严禁跌落、碰撞等，以防损坏传感器、各种接插件和接头等。所有的总成件严禁随意拆卸和私自维修。

注意：燃油的清洁度对电控共轨系统非常重要、对燃油清洁度要求很高，所以务必遵守以上的装配要求。

6.2.2 高低压油路

（1）燃油油箱（图 6-2-2）　燃油油箱作为整车附件，可储存燃油并为柴油机提供燃料；作为一级过滤，可泄放管路中的空气，并在低油位时保证没有空气进入进油管；可作油位标识。

（2）燃油手油泵　直接外接 $\phi 8 \times 10$ 的胶管，燃油手油泵主要功能是用于低压油路排空

（图 6-2-3）。

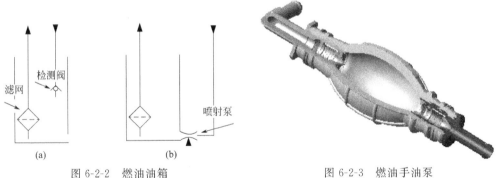

图 6-2-2　燃油油箱　　　　　　　　图 6-2-3　燃油手油泵

（3）燃油滤清器

① 主要功能（图 6-2-4）。过滤燃油中的杂质，可消除燃油中的气体，分离燃油中的水分。

② 进出油口快速接头。Φ10SAEJ2044（二个）。

③ 回油口采用快速接头。Φ8SAEJ2044（一个）。

④ 管接头带有进、出流向标识（箭头）。

⑤ 安装支架螺栓扭矩：(2.25 ± 0.25)N·m。

⑥ 放水阀上紧扭矩：(1.25 ± 0.25)N·m。

⑦ 重量：0.435kg$\pm10\%$。

⑧ 带有加热回路。

⑨ 燃油滤清器性能（图 6-2-5）。最大流量 160L/h；压降<11kPa；工作压力 $p_{max}=2.5$Bar，$p_{min}=0.3$bar。适用燃油温度：连续最高温度 80℃，不超过 90℃。工作环境-30～125℃。燃油温度-30～110℃。寿命：25000km。过滤杂质效率>95%。过滤水的效率 95%（2%水）。放水过程：拧松放水螺塞即可（不要拧下）。

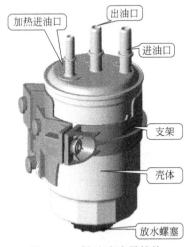

图 6-2-4　燃油滤清器结构

图 6-2-5　燃油滤清器外观

（4）油水分离器（图 6-2-6）　用于减少燃油中的水分，带有水传感器，提醒驾驶员放水。水传感器采用 AMP 接插件，最大流量 160L/h，压降<6kPa，效率 95%，80～160L/h

（2%水），工作环境－30～125℃，燃油温度－30～110℃，进出油快速接头 Φ10SAEJ2044
（二个）。管接头带有进、出流向标识（箭头）。水传感器安装扭矩（1.4±0.2)N·m。安装
支架紧固螺栓扭矩（2.25±0.25)N·m。燃油容量（500±25)cm^3。水容量 250cm^3。报警
时水容量 39cm^3。质量（0.41±0.04)kg。可借助支架直接安装在车上。

油水分离器工作原理如图 6-2-7 所示，其放水过程如下。

先拔出水传感器的电气接插件，并拿离传感器的下方；在水传感器的下方至少要有
5mm 以上的空间，保证可放水；慢慢拧松水传感器，直至有水流出（不要拧下水传感器）；
放完水后，拧紧水传感器，注意拧紧力矩为（1.4±0.2)N·m；插上水传感器线束接插件。

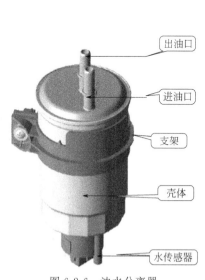

图 6-2-6　油水分离器

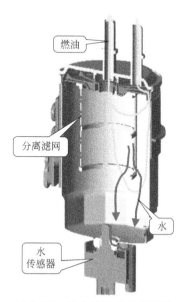

图 6-2-7　油水分离器工作原理

（5）低压管路典型技术参数　见表 6-2-1。

目的：保证输油泵进口压力。

概念：沿程损失与节流损失不一样，一根内径为 6mm 的长管阻力，比零部件上 6mm
内径的接头阻力要大很多。

所有管路直径必须满足压力和低压油路的设计要求。所有参数均依赖于发动机和整车的
低压油路设计，必须在整车上进行极限条件的低压油路认证试验。

表 6-2-1　低压油管参数

	油管内径	允许油管长度	允许压力
燃油箱出油管	≥8mm	≤3m	0.5～1.0bar
	≥9mm	≤6m	
	≥10mm	≤9m	
燃油箱回油管	≥8mm	≤6m	≤1.2bar
	≥9mm	≤9m	

（6）燃油低压油路的技术要求

① 手油泵的技术要求如下。

a.安装在车上，一般要求水平安装，即进油口与出油口均保持相同高度；如果油箱中有

足够能力的滤网或有油水分离器，手油泵的出油口可比进油口稍高。

b.进、出油口的杉树型接头适用$\varphi 8 \times 10$的胶管。

c.最好采用支架固定手油泵，同时采用塑料固定扣件。

d.管路压力不要过大，否则会引起手油泵功能衰减。

② 油水分离器一般通过支架安装在底盘上，并保持垂直（$\pm 10°$），进、出油口向上。

③ 燃油滤清器一般通过支架安装在底盘上，并保持垂直（$\pm 10°$），进、出油口向上。

④ 以上三个组件在安装时要注意保持留有可以用手操作的空间，如泵油排空、安装管路（快速接头长度）、接线、放水等。

（7）燃油喷射系统管路连接主要零部件

① 低压油管最小内径$\varphi 8$，可采用足够强度和性能的非金属管；预备干净的油管帮助维修人员进行故障诊断和维修。

② 管路布置。

a.从燃油滤清器到高压油泵的油管应保持连续向上，这样可避免管路中积蓄气体。

b.回油管路应采用一个检测阀或将出口浸入在油箱的燃油中，这样可保持管路中始终充满燃油，避免油箱中油位较低时空气进入管路中。

c.从燃油滤清器到燃油喷射系统的管路尽可能小于50cm，这样可以减少空气在管路中压缩、膨胀的危险。

d.短而直的管由于变形小，容易导致接头漏油，尽可能用弯曲的油管以增强油管的柔性。

6.2.3 高压油泵

（1）4F高压油泵（图6-2-8） 高压泵排量1.2mL，结构为双压力室、4柱塞。

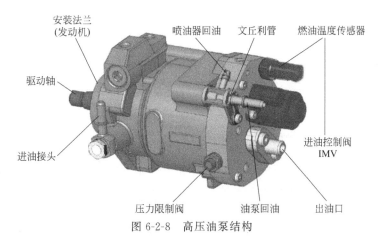

图6-2-8 高压油泵结构

（2）高压油泵技术参数 燃油温度测量，具有温度补偿功能；燃油流量控制阀；集成油压力限制阀；供油速度快，压力高达1600bar；进口燃油温度$-40 \sim +85℃$；平均驱动扭矩38N·m。

（3）高压油泵剖面图 如图6-2-9所示。

（4）油压限制阀（高压端） 最高限制压力2000bar（图6-2-10、图6-2-11）。安全组件，不能拆卸或调节。

（5）文丘利管 功能：利用文丘利效应吸取喷油器回油（图6-2-12）。材料为塑料制品，易折断，安装管路和快速接头要小心。

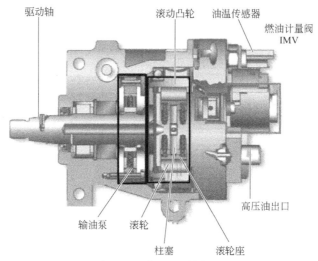

图 6-2-9　高压油泵剖面图

图 6-2-10　油压限制阀（高压端）

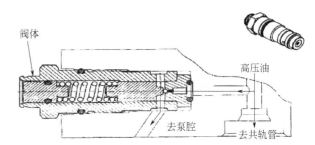

图 6-2-11　油压限制阀工作原理

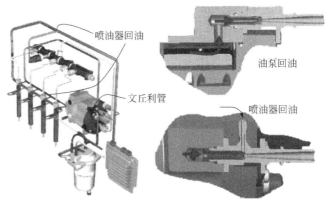

图 6-2-12　文丘利管

（6）4F 机齿轮传动系统　如图 6-2-13 所示。

（7）4F 高压泵的安装示意　如图 6-2-14 所示。

（8）4F 高压油泵安装要求　高压泵安装在齿轮室盖板的油泵安装孔上：

① 输油泵进油口过油螺栓扭矩（33±2）N·m。

② 出油口的高压油管螺母拧紧力矩（40±4）N·m。

齿轮啮合侧隙应为(0.07~0.25)mm

图 6-2-13　4F 机齿轮传动系统

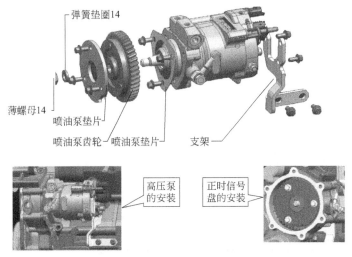

图 6-2-14　4F 高压泵的安装示意

③ 输出轴锁紧螺母扭矩：(65 ± 5)N·m。

④ 安装前后法兰螺栓扭矩：(24 ± 2.5)N·m。

⑤ 油泵允许倾斜角度：$10°\pm10'$。

⑥ 净重量：6400g($\pm10\%$)。

⑦ 正时信号盘安装在喷油泵齿轮时，注意其上止点刻度对应于正时信号传感器。

高压泵安装注意事项如下。

① 应小心移出包装箱，不能握住高低压连接口 IMV 等低强度部件，而只能握住泵的壳体。

② 非必要时，安装中不能去除泵上的各种防护套。

③ 将泵安装到发动机上时，最好同时上紧其安装螺栓，或多次均匀上紧。

④ 仅在泵已装在发动机上、且要连接低压油管时才允许去掉其防护套。

⑤ 安装连接高压油管前才能去除其防护套且应立即安装好高压油管。

⑥ 泵不允许"干转"，转动前必须加入燃油且排除内部空气。

⑦ 完成机械安装后才进行电气接口的安装。

6.2.4 喷油器

(1) 喷油器的介绍

① 喷油器体 17mm 外径、低惯量喷油器（图 6-2-15）。

② 6 孔、中置、无压力室式喷油嘴。

③ 高速强力电磁阀，工作电流 16～6A。

④ 特有的 I2C 控制策略，一致性好。

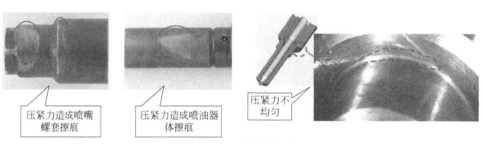

图 6-2-15 喷油器

⑤ 表面强化处理。

⑥ 最小供油量：1～3mm^3/s(200～1600bar)。

⑦ 两次喷油间隔：200μs。

⑧ 油管接头：M14×1.5；扭矩：（40±4)N·m。

⑨ 喷油压力高达 1600bar。

⑩ 采用螺套安装方式，力矩：（46±4.5)N·m。

每个喷油器均有 16 位修正码，一旦将喷油器修正码输入控制器，则控制器和发动机必须配对。

(2) 4F 发动机喷油器的安装　喷油器凸出高度按（2.5±0.1)mm 控制，调整好密封铜垫。在铜垫面涂少许润滑油脂。喷油器压板卡在喷油器上，喷油器的线束接插口向着喷油器压板螺柱安装孔。喷油器装及缸盖喷油器孔内，喷油器压板螺母上紧力矩（50±5)N·m。

(3) 喷油器损伤案例　如图 6-2-16 所示。

压紧力造成喷嘴螺套擦痕

压紧力造成喷油器体擦痕

压紧力不均匀

图 6-2-16　喷油器损伤

6.2.5　共轨管和高压油管

(1) 共轨管（图 6-2-17）　共轨管主要功能为蓄压和分配高压油到喷油器。经过强化热处理锻造而成。体积（19.5±1)cm^3（内径 $\phi6$）。有一个进油口，四个出油口：M14×1.5。在共轨管的一端安装有油压传感器，油压传感器工作范围 0～1800bar。传感器采用防松接插件。高压油管螺母扭矩：（40±4)N·m。共轨管通过两个螺孔安装在缸盖上，扭矩：（33±2)N·m。

图 6-2-17　共轨管

(2) 4F 高压油管　表面镀锌处理，泵到轨的油管规格为 M14×1.5；$\phi6.35×3$（管长 230mm)。轨到喷油器的油管规格：M14×1.5；$\phi6×2.4$（管长 344mm)。正常工作压力 1600bar。最高耐压 2000bar。拧紧力矩（40±4)N·m。

(3) 共轨喷射系统零部件连接示意图（4F 机型）（图 6-2-18）

(4) 共轨管安装前的检查　确保高压油轨的进油口和出油口保护罩良好，且无污染。确保高压燃油压力传感器不被碰撞、损坏、污染。检查工具、手和发动机零部件是否整洁、干

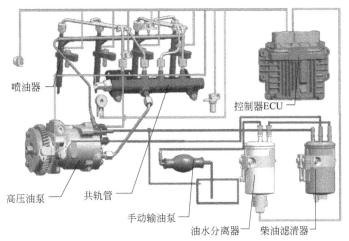

图 6-2-18　共轨喷射系统零部件连接示意图

净。拿起共轨管并按照定位要求放至发动机上的正确位置，注意两个安装孔要正确（平直），用手穿上安装螺栓，检查共轨管是否与发动机的部件是否干涉。

（5）4F 喷油器和共轨管的安装顺序

① 将各缸喷油器安装至指定扭矩，即喷油器螺套拧紧至（46±4.5)N·m。

② 用手拧紧共轨管安装螺栓拧紧至 2～3N·m。

③ 用手将各缸高压管拧紧至（3±1)N·m。

④ 用手将高压泵至共轨管的高压油管两端螺母拧紧至（3±1)N·m。

⑤ 将共轨管安装螺栓拧紧至（33±2)N·m。

⑥ 将各缸高压油管喷油器端螺母拧紧至（40±4)N·m。

⑦ 将各缸高压油管共轨管端螺母拧紧至（40±4)N·m。

⑧ 安装高压泵至共轨管的高压油管，并分 2 次拧紧油管螺母至（40±4)N·m。

（6）装配要求总结

① 系统装配中要保持零部件干净、整洁。

② 系统装配中要保持工具干净、整洁。

③ 系统装配中要注意保持零部件上的保护套，除非系统全部连接安装完毕。

④ 所有的零部件必须按规定的零件号装机，不可随意更换或用替代件。

⑤ 所有的零部件的安装必须遵循安装技术要求，如上紧扭矩、高压油泵的方向、喷油器接插件的方向等。

⑥ 所有零部件严禁跌落、碰撞，以防损坏传感器、各种接插件和接头等。

⑦ 所有的总成件严禁随意拆卸和私自维修。

6.3
电控系统零部件结构、特性与拆装

6.3.1　控制器

（1）介绍　控制器（ECU）是整个电控系统的"大脑"，由硬件和软件组成，其外形如图 6-3-1 所示。结构和特性参数如下。版本为 DCM3.2，结构紧凑、兼容性好。低功耗，具

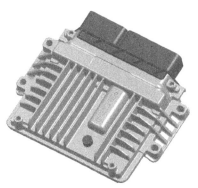

图 6-3-1 控制器（ECU）

有稳定的 I/O。微处理器功能强大，容量大。工作环境 -30～85℃。工作电压 10～16V（启动阶段 6～10V）。密封 IP55。接插件 154Pins（96＋58）。尺寸：190mm×170mm×38.5mm。安装在驾驶室内，保持良好的防水、抗振动小。经过热冲击、低温、防水、化学、盐腐蚀、振动、机械冲击、EMC 试验。ECU 壳体要求与车身绝缘良好。ECU 的 4 个固定螺栓扭矩为 10～20N·m。

（2）ECU 接插件 如图 6-3-2 所示。

（3）96-Way 发动机接插件（X1）引脚定义 见表 6-3-1。

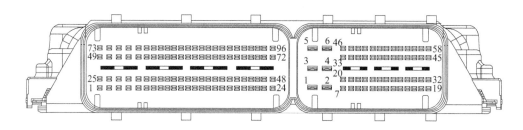

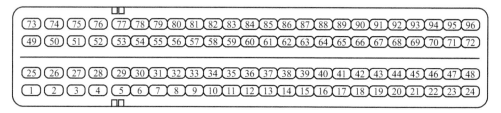

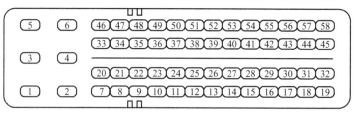

图 6-3-2 ECU 接插件

表 6-3-1 96-Way 发动机接插件（X1）引脚定义

ECU 引脚定义	信号描述	ECU 引脚定义	信号描述
108	燃油温度传感器,信号	183	增压压力传感器,地
132	燃油温度传感器,地	163	增压压力传感器,信号
156	冷却水温度传感器,信号	160	增压压力传感器,5V
157	冷却水温度传感器,地	159	共轨压力传感器,信号

ECU 引脚定义	信号描述	ECU 引脚定义	信号描述
184	共轨压力传感器,地	187	曲轴位置传感器,正
186	共轨压力传感器,5V	188	曲轴位置传感器,负
146	爆震传感器,正	142	油水分离器传感器,信号
147	爆震传感器,负	148	EGR 阀驱动信号
133	EGR 位置反馈传感器,5V	176	高压油泵电磁阀驱动信号
109	EGR 位置反馈传感器,地	168	预热继电器控制信号
182	EGR 位置反馈传感器,信号	125	第一缸喷油器高端
135	车速传感器,地	174	第一缸喷油器低端
111	车速传感器,信号	103	第二缸喷油器高端
131	进气温度传感器,信号	104	第二缸喷油器低端
161	进气温度传感器,地	102	第三缸喷油器高端
137	凸轮相位传感器,5V	149	第三缸喷油器低端
138	凸轮相位传感器,信号	126	第四缸喷油器高端
114	凸轮相位传感器,地	151	第四缸喷油器低端

（4）58-Way 整车接插件（X2）引脚定义　见表 6-3-2。

表 6-3-2　58-Way 整车接插件（X2）引脚定义

ECU 引脚定义	信号描述	ECU 引脚定义	信号描述
201	主继电器电源	244	主继电器控制
203	主继电器电源	208	预热指示灯
205	主继电器电源	209	油水分离开关指示灯
202	蓄电池负极	245	发动机检测灯
204	蓄电池负极	243	发动机转速输出
206	蓄电池负极	246	水温高指示灯
210	2♯油门传感器,5V	218	车速输出
213	2♯油门传感器,信号	258	空调继电器控制
214	2♯油门传感器,地	255	高速风扇控制
224	1♯油门传感器,5V	256	低速风扇控制
225	1♯油门传感器,信号	229	空调压力传感器,5V
226	1♯油门传感器,地	251	空调压力传感器,信号
219	点火开关信号	230	空调压力传感器,地
222	空调请求开关信号	231	K-Line 诊断接口
217	电气负载开关信号	253	CAN 通信高端
227	离合器开关信号	254	CAN 通信底端
223	刹车开关信号	240	MIL 指示灯

（5）控制器 ECU 功能（发动机部分）

① 喷油方式控制。高达 4 次喷射（现只用 2 次）。

② 喷油量控制。预喷油量自学习控制，减速断油控制。

③ 喷油正时控制。主喷正时，预喷正时，正时补偿。

④ 轨压控制。正常和快速轨压控制，轨压建立和超压保护，喷油器泄压控制。

⑤ 扭矩控制。瞬态扭矩，加速扭矩，低速扭矩补偿，最大扭矩控制，瞬态冒烟控制，增压器保护控制。

⑥ 过热保护。

⑦ 各缸平衡控制。

⑧ EGR 控制。

⑨ VGT 控制。

⑩ 辅助启动控制（电机和预热塞）。

⑪ 系统状态管理。

⑫ 电源管理。

⑬ 故障诊断。

（6）控制器 ECU 功能（整车部分）

① 挡位计算。根据车速和发动机转速计算挡位，用于挂挡怠速控制，改善驾驶性。

② 车速计算及输出——供仪表和最高车速限制使用。

③ 怠速和驱动怠速控制。挂挡时发动机负载加大，采用驱动怠速控制可以实现分挡控制。此时 PID 参数和指令怠速转速均发生变化。

④ 巡航控制——暂时不用。

⑤ 防抖（ASD）控制——改善车辆在挂挡起步、急加速和急减速过程的平顺性。

⑥ 空调控制。根据空调负载调节发动机怠速转速；根据车辆对动力性的需求和发动机的工作状况对空调压缩机进行开/关控制。

⑦ 风扇控制——电风扇驱动控制。

⑧ 故障诊断——在线诊断并存储/输出故障码，具有 Limp-home 功能。

⑨ CAN 通信——整车其他控制器和仪表之间的通信。

⑩ 离合器开关——改善驾驶性。

⑪ 制动开关。油门合理性判断；巡航控制关键使能条件。

（7）启动过程描述

① 喷油器开始喷油的必要条件：共轨压力超过最小设定值（>100bar），同步信号正常，传感器信号≥触发阈值（与空气间隙和转速有关），相位正确。

② 判缸过程。ECU 根据电控柴油机曲轴信号盘与凸轮轴信号盘的相位关系判断柴油机运行的角度相位（也称判缸）并计算柴油机转速。仅在判缸成功后才能开始喷油（电喷发动机启动不一定比常规发动机快）。

a. 正常模式（曲轴/凸轮轴传感器均正常）。在启动过程中，曲轴信号与凸轮轴信号均正常时，ECU 结合曲轴缺齿与凸轮轴多齿进行判缸。判缸过程迅速、可靠。

b. 故障模式（任一传感器信号出现故障或者同步关系错误）。无法启动；运行过程中出现此类故障则立即停机。

③ 启动喷油量计算过程。启动喷油量＝基本扭矩喷油量＋补偿扭矩喷油量。

④ 水温传感器可能导致启动不良。当水温高而传感器信号表现水温低时：可能冒烟。

当水温低而传感器信号表现水温高时：可能启动困难。

⑤ 补偿扭矩喷油量。启动过程中，ECU 会逐渐增加喷油量，以促进柴油机顺利启动。启动过程中轨压、主喷正时和预喷油量正时根据环境变化可调。

6.4
电控系统零部件结构、特性与拆装

6.4.1 传感器

德尔福电控单体泵系统应用的传感器有 9 个。除安装在发动机上的 6 个传感器外，ECU内置有大气压力传感器与环境温度传感器，整车安装的有电子油门传感器（表 6-4-1）。

表 6-4-1 传感器功能汇总

传感器	功能
凸轮轴传感器	判缸,同时在曲轴传感器失效后可执行失效安全策略
曲轴传感器	精确计算曲轴位置,用于喷油时刻和喷油量计算、转速计算,同时在凸轮轴传感器失效后可执行失效安全策略
增压压力传感器(MAP)	测量增压压力,与进气温度一道计算空气密度和喷油量,在瞬态工况时用于冒烟控制
进气温度(MAT)	测量进气温度,与进气压力一道计算空气密度和喷油量,同时还用于修正喷油提前角
冷却水温度传感器	测量冷却水温度,用于冷启动、目标急速计算等,同时还用于修正喷油提前角、最大功率保护等
燃油温度传感器	根据燃油密度计算喷油量和所需的喷油脉宽

（1）曲轴位置传感器（图 6-4-1）

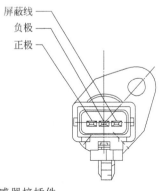

屏蔽线
负极
正极

图 6-4-1 曲轴位置传感器接插件

① 原理：传感器中的磁通量随着通过的孔与间隙而变化，产生正弦交流电压，采集到的信号分别转化为电脉冲信号并送到 ECU 供其进行数据处理。

② 作用：精确计算曲轴位置，用于喷油时刻和喷油量计算、转速计算，同时在/曲轴凸轮轴传感器失效后可执行失效安全策略。

③ 失效后表现及处理方法：急速或某一高速不稳，似有缺火，功率不足，其处理方法为脱开曲轴传感器恢复正常，开回维修站。

④ 特性：静态电阻 825Ω±100Ω；空气间隙 1.3mm±0.3mm；工作温度 −40~150℃；类型为可变磁阻式。

两传感器信号必须正确且满足一定的相位关系，这样 ECU 才能正确判定发动机的状态，精确控制燃烧过程，达到预期的动力性和排放性能效果。

⑤ 相位关系图：对于 6 缸柴油机，曲轴的信号孔有 54 个，无缺齿相邻，2 个信号孔中心的夹角为 6°曲轴转角，凸轮轴信号盘上有 7 个信号齿（4 缸机为 5 个）（图 6-4-2）。

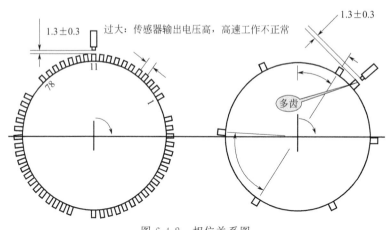

图 6-4-2　相位关系图

⑥ 相关控制策略。判缸，瞬态转速计算，喷油时刻计算，喷油脉宽（喷油量）计算，信号出现故障后，无法启动及运行。

⑦ 常见故障及处理见表 6-4-2。

表 6-4-2　常见故障及处理（一）

常见故障	故障原因及提示	相关维修建议
无法启动	曲轴、凸轮信号盘或传感器安装相位误差过大，无法建立同步时	按使用说明书纠正安装偏差
	①曲轴/凸轮轴传感器信号均丢失； ②诊断仪显示启动过程没有转速信息，诊断仪中没有故障码提示	①检查传感器信号线是否短路/断路； ②根据传感器特性判断是否需要更换双传感器
	①某一传感器信号间歇性丢失； ②诊断仪中相关故障码 P0337、P219、P372、P0336	①检查传感器是否损坏/接线是否松动； ②检查对应信号盘是否脏污/损坏

（2）增压压力感应器（图 6-4-3）

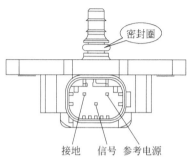

图 6-4-3　增压压力感应器接插件

① 原理：把压力信号转化为电压信号输送给 ECU。

② 作用：测量发动机的进气压力，与进气温度一起计算空气密度和喷油量，在瞬态工况时用于冒烟控制。

③ 特点：三个输出端子分别为 5Vref、信号、接地；工作温度范围−30°～125°；工作压力范围为 10～250kPa；输出电压 0～5V。

④ 相关控制策略。EGR 控制，VGT 控制，进气流量计算，冒烟限制，增压器保护，进气温度过热保护，高原补偿。

⑤ 常见故障及处理如表 6-4-3 所示。

表 6-4-3   常见故障及处理（二）

常见故障	故障原因及提示	相关维修建议
对驾驶性能没有明显影响，故障灯亮	压力信号丢失：诊断仪中相关故障码 P0107、P0108	①检查传感器信号线连接,是否有短路/断路；②更换传感器
	压力信号飘移：诊断仪中相关故障码 P0106、P0109	检查传感器信号线/更换传感器

（3）进气温度感应器

① 原理：把温度信号转化为电压信号输送给 ECU。

② 作用：进气温度感应器用于测量发动机的进气温度，与进气压力一起计算空气密度，决定喷油量，同时还用于修正喷油正时（图 6-4-4）。

③ 基本特性。类型为热敏电阻式传感器，电阻范围 50Ω～100KΩ；环境温度−40～135℃。

④ 相关控制策略。扭矩限制，喷油量修正，喷油正时修正，轨压修正，EGR 控制，VGT 控制，进气流量计算，冒烟限制，进气温度过热保护，空调控制。

图 6-4-4   进气温度感应器

⑤ 常见故障及处理如表 6-4-4 所示。

表 6-4-4   常见故障及处理（三）

常见故障	故障原因及提示	相关维修建议
对驾驶性能没有明显影响,故障灯亮	信号丢失：诊断仪中相关故障码 P0110、P0112	①检查传感器信号线连接,是否有短路/断路；②更换传感器

（4）冷却水温度传感器

① 原理：把温度信号转化为电压信号输送给 ECU。

② 作用：监测工作过程中发动机的冷却水温度，用于冷启动、目标怠速计算等，同时还用于修正喷油提前角、最大功率保护等（图 6-4-5、图 6-4-6）。

③ 基本特性。传感器类型为热敏电阻式传感器，冷却水温度传感器应布置在小循环水道内；工作电压为 5V；环境温度−40～150℃；电阻范围 57Ω～45kΩ。

④ 相关控制策略。扭矩修正，油量修正，喷油正时修正，轨压修正，预热塞辅助启动控制（冷、热），EGR 控制，目标怠速控制，过热保护，风扇控制，空调控制，控制仪表水温高指示灯。

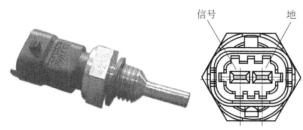

图 6-4-5　冷却水温度传感器　　　　　图 6-4-6　冷却水温度传感器安装位置

⑤ 常见故障及处理　如表 6-4-5 所示。

表 6-4-5　常见故障及处理（四）

常见故障	故障原因及提示	相关维修建议
扭矩受限	传感器信号丢失： 诊断仪中相关故障码 P0117、P0118	①检查传感器信号线连接，是否有短路/断路； ②参考传感器特性曲线检查传感器物理特性，决定是否更换传感器
	冷却水温合理性故障：诊断仪中相关故障码 P1115	参考传感器特性曲线检查传感器物理特性，决定是否更换传感器

（5）加速踏板感应器

① 作用：反映驾驶员意图并将其送到 ECU，通过监测油门信号，决定喷油量和喷油正时（图 6-4-7）。

② 失效后表现及处理方法。油门失效，启动后，转速维持在 1100r/min，其处理方法是：慢慢开带附近玉柴服务站进行检测维修。

③ 基本特性。型式为单电位器＋怠速开关＋智能开关；感应器电阻 2.5kΩ。信号特征：连续信号，物理信号范围为 0～100%，对应的电压 0～5V；工作温度－40～85℃。

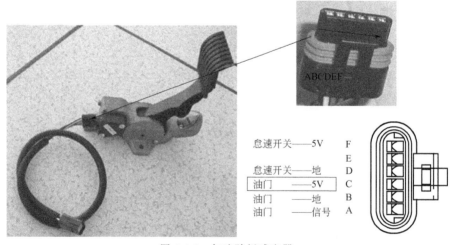

图 6-4-7　加速踏板感应器

④ 相关控制策略。扭矩控制（油量控制），怠速控制，减速断油控制。

⑤ 常见故障及处理如表 6-4-6 所示。

表 6-4-6　常见故障及处理（五）

常见故障	故障原因及提示	相关维修建议
扭矩受限	油门传感器信号错误（一路信号故障/两路信号一致性故障）： 诊断仪中相关故障码 P0220、P0222、P0223、P1120、P1121、P1123、P0120、P0121、P0123	检查接插件及线束连接，是否有开路/短路；根据传感器电气特性表检查引脚间电阻，决定是否更换传感器
油门失效，转速维持在 1300r/min 左右	油门接插件脱落， 诊断仪显示油门开度始终为0： 诊断仪中相关故障码 P1122	检查接插件及线束连接，是否有开路/短路
	油门卡滞（与刹车踏板位置逻辑不符）， 诊断仪显示油门开度始终为0： 诊断仪中相关故障码 P1124	根据传感器电气特性表检查引脚间电阻，决定是否更换传感器

（6）爆震传感器　压电陶瓷晶体传感器，工作频率为 5~18kHz，输出电压与发动机的燃烧强度成比例。接插件的 2 个输出端子分别为信号、地。容抗（1850±370）pF；表面平整度 0.05mm；工作环境 −40~150℃；重量 70g。安装：M8×30 螺栓；扭矩为 16~24N·m；低成本；高可靠性。

相关控制策略：

① APC 控制策略。系统使用寿命期内对喷油器最小驱动脉宽的漂移进行；修正控制，实现预喷射的精确控制。

② 用户利益。低噪声、低排放；降低整车使用寿命期内的噪声、排放漂移；改善瞬态驾驶性能。

（7）凸轮位置传感器（图 6-4-8）

① 介绍。双感应片霍尔效应式，强抗干扰性能；空气间隙为（1.0±0.5）mm；接插件有三个输出端子，分别为信号（A）、地（B）、5ref（C）；输出信号为方波（高电平 4.75~5.25V，低电平 0~700mV）；转速范围 0~4500r/min。工作环境：−30~130℃（连续）；−40~150℃（250h）。带有 O 形密封圈；安装 M6 螺栓，扭矩 7~10N·m。

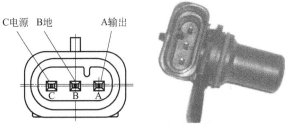

图 6-4-8　凸轮位置传感器

② 相关控制策略。判缸，瞬态转速计算，喷油时刻计算，喷油脉宽（喷油量）计算，信号出现故障后，无法启动及运行。

③ 常见故障及处理如表 6-4-7 所示。

表 6-4-7　常见故障及处理（六）

常见故障	故障原因及提示	相关维修建议
无法启动	①曲轴、凸轮信号盘或传感器安装相位误差过大，无法建立同步时； ②诊断仪显示同步信号故障，诊断仪中相关故障码 P0341	按使用说明书纠正安装偏差
	①曲轴/凸轮轴传感器信号均丢失； ②诊断仪显示启动过程没有转速信息，诊断仪中没有故障码提示	①检查传感器信号线是否短路/断路； ②根据传感器特性判断是否需要更换双传感器

常见故障	故障原因及提示	相关维修建议
无法启动	①某一传感器信号间歇性丢失； ②诊断仪中相关故障码 P0337、P219、P372、P0336	①检查传感器是否损坏/接线是否松动； ②检查对应信号盘是否脏污/损坏

（8）共轨压力传感器

① 介绍。传感器集成在共轨管上（图 6-4-9），最高压力为 2000bar，具有良好的线性度、重复性和精度；接插件有三个输出端子，分别为信号（1）、地（2）、5Vref（3）。工作电压（5±0.25）V。电气输出：输出电压为 0.5～4.5V；功能特性为 0～1800bar，压力对应于 0.5～4.5V 间的线性输出曲线如图 6-4-10 所示。最高耐压 2200bar；失效压力 2500bar。

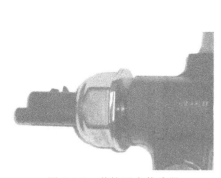

图 6-4-9 共轨压力传感器

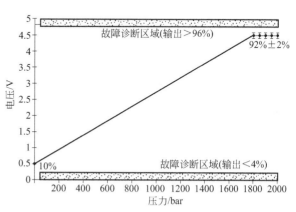

图 6-4-10 压力与电压的关系

② 相关控制策略。共轨压力闭环控制。

③ 失效模式及策略 如表 6-4-8 所示。

表 6-4-8 共轨压力传感器失效模式及策略

常见故障	故障原因及提示	相关维修建议
难以启动/运行熄火	传感器信号丢失； 诊断仪中相关故障码 P0192、P0193	①检查信号线路,是否开路/短路； ②参考压力特性检查传感器,决定是否更换
功率不足/进入减扭矩保护模式	传感器信号飘移； 诊断仪中相关故障码 P1190、P1192、P1193	

（9）燃油温度传感器（图 6-4-11）

① 介绍。传感器集成在供油泵上，使用热敏电阻式 NTC，感应元件为外壳屏蔽，两个输出端子分别为信号、接地；接插件锁紧方式。

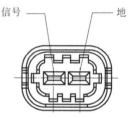

信号   地

图 6-4-11 燃油温度传感器

② 相关控制策略。扭矩修正，喷油量修正，轨压修正，过热保护。

③ 失效模式及策略　如表6-4-9所示。

表6-4-9　燃油温度传感器失效模式及策略

常见故障	故障原因及提示	相关维修建议
功率不足/进入减扭矩保护模式	传感器信号丢失；诊断仪中相关故障码 P0182、P0183	①检查信号线路,是否开路/短路；②参考温度特性检查传感器,决定是否更换

（10）油水分离器传感器

① 介绍。传感器集成在油水分离器上（图6-4-12）。接插件有三个输出端子，分别为12V（3）、信号（2）、地（1）。

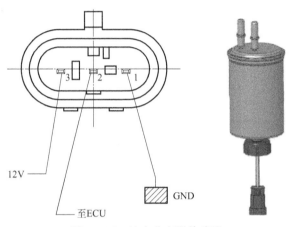

图6-4-12　油水分离器传感器

② 相关控制策略。检测油水分离器储水杯水含量，当水含量超过阈值时，水传感器接通，点亮仪表燃油有水指示灯，提醒驾驶员是否要给油水分离器放水。一旦该传感器发生故障将点亮发动机检测灯。

③ 失效模式及策略　如表6-4-10所示。

表6-4-10　油水分离器传感器失效模式及策略

常见故障	故障原因及提示	相关维修建议
功率不足/进入减扭矩保护模式	油中含水,诊断仪中相关故障码 P0182、P0183,或者线路故障	①检查信号线路及传感器是否损坏；②使用了不合标准的燃油,更换

（11）车速传感器

① 介绍：工作电压12V（与车速仪表配套工作时的电压）；工作电压范围8～16V。工作电压为8V±0.5V、输出转速750r/min时：幅度不应小于6.5V，周期10ms，脉冲宽度：0.3T＜t＜0.7T。

输出：方波；脉冲个数：8个/转。额定工作电流25mA。额定转速2000r/min。最高转速3000r/min。

② 相关控制策略。挡位识别，车速计算及输出（可由CAN总线或者频率信号向整车输出），最高车速限制。

③ 失效模式及策略　如表6-4-11所示。

表 6-4-11　车速传感器失效模式及策略

常见故障	故障原因及提示	相关维修建议
诊断仪显示车速信号为 0 及挡位计算为 8，故障灯亮，驾驶员没有明显感觉	车速信号不合理——计算车速不合理的超高； 计算车速与工况参数逻辑不符，诊断仪中相关故障码 P1501、P1503	更换传感器
故障灯亮	车速信号丢失； 诊断仪中相关故障码 P1500； 车速信号物理特性错误	①检查线束及接插件连接，是否有开路/短路； ②更换传感器

6.5
电控高压共轨燃油系统常用控制策略和失效策略

6.5.1　启动工作原理

（1）判缸　EUC 根据电控柴油机曲轴转速信号盘与凸轮轴信号盘的相位关系判断柴油机运行的角度相位（也称判缸）并计算柴油机转速仅在判缸成功后才开始喷油（电喷发动机启动不一定比常规发动机快）。

① 凸轮轴和曲轴信号。模式在启动过程中，曲轴转速信号与凸轮轴转速信号均存在时，ECU 结合曲轴缺齿判断与凸轮轴多齿判断进行判缸，判缸过程更迅速、更可靠。

② 仅有曲轴信号模式。在启动过程中，仅有曲轴转速信号时，当 ECU 检测到一个缺齿时，猜测柴油机此时处于第一缸上止点前，按照此假定的角度相位，以"153624"的喷油时序持续一定次数的喷射，当发动机转速超过一定阈值时，可以判断此相位正确，从而判缸成功；若没有转速升高的着火迹象，则重新假定一相位喷油以判缸。

③ 仅有凸轮轴信号模式。在启动过程中，仅有凸轮轴转速信号时，ECU 通过检测判缸齿（第一缸前的多余齿）确定当前柴油机的正确相位，从而按照正确的喷油时序喷射。

（2）启动油量标定　启动油量的标定主要分为两部分：一是基本油量的计算，另一个是补偿油量的计算。启动油量是两部分油量的和，单独由最大启动油量限制。

① 启动基本油量的计算。启动基本油量是柴油机转速与冷却水温度的函数，水温越低，转速越低，启动油量越大。启动基本油量标定工作的重点是冷启动油量与热启动油量，在保证启动迅速可靠的前提下，必须避免冷启动冒白烟、黑烟与热启动冒黑烟。

② 启动补偿油量的计算。当启动运行超过一定时间后仍然没有启动成功，ECU 会以一定步长增加启动油量，以促进柴油机顺利启动。在标定过程中，应仔细调整此步长值，太大则引起较大的启动冲击与冒黑烟，较小则启动迟缓。

（3）冷启动预热工作原理　冷启动预热功能的目的是减少白烟排放，并将柴油机进气温度尽快地提高至正常水平。在柴油机拖转前后，预热装置开始加热柴油机的进气，可分为 Preheat 与 Postheat 两种预热。Preheat 用于拖转前的进气加热，Postheat 用于启动成功后的进气加热，以利于柴油机稳定地过渡到怠速工况。预热时间的长短是冷却水温度的函数，水温越低，预热时间越长。同时，预热指示灯将提示司机预热装置当前的工作状态。

（4）启动时冒黑烟问题　柴油机的启动过程是一个非常复杂的过程，其中一个重要方面是冒黑烟问题。对于电控柴油机而言，对柴油机喷油量、喷油正时与喷油压力的控制较机械泵灵活。

若出现喷油器启喷压力下降与雾化不良、高压油管泄漏、齿轮系正时关系错误等机械方面的故障，则难免在启动过程中冒黑烟，因此，避免柴油机启动冒黑烟的首要条件是柴油机机械部分的状态良好。

在柴油机机械部分状态良好的条件下，若标定数据不匹配，则柴油机启动也会冒黑烟，因此，必须对柴油机的启动过程进行精细标定。启动过程的优化标定涉及启动基本油量、启动补偿油量、启动正时以及进气预热等方面，其原则是适时、适量地喷油，在不冒黑烟的前提下迅速、平稳地实现柴油机启动。

6.5.2　怠速工作原理

（1）闭环控制原理　怠速闭环控制器根据目标怠速与实际发动机转速之间的差异，利用 PI 闭环控制原理计算出怠速喷油量，使发动机转速维持在目标怠速附近，并稳定运转。

（2）目标怠速的计算　计算目标怠速时应考虑以下几个方面。

① 高怠速暖机（冷却水温度越低，目标怠速越高）。

② 带空调怠速（使用空调时，目标怠速自动增高）。

③ 蓄电池充电怠速（蓄电池电压低时，提高目标怠速以充电）。

④ 怠速微调确定的怠速偏移量（根据怠速微调开关确定的偏移量，则目标怠速会加上此偏移量）。

⑤ Limphome 状态的怠速（例如油门 Limphome 时，目标怠速会提高至 $800 \sim 1000$ r/min，高于正常怠速）。

⑥ 当目标怠速变化时，会采用一定步长逐步过渡到新值。

（3）怠速闭环控制参数的调节　怠速闭环控制器采用 PI 调节方式，其控制目标是柴油机转速在目标怠速附近平稳地运行，同时在启动至怠速、减速至怠速等动态过程中过渡平缓，没有较大的超调量。要达到此控制效果，必须精细地调节 P 与 I 这两个控制参数。

① P 参数的调节。P 是比例控制器的增益，其大小决定了柴油机怠速转速控制的稳定性。

② I 参数的调节。I 是积分控制器的增益，其大小决定了柴油机怠速转速控制的精确性，即目标怠速与实际转速之间差异的大小。积分控制器只是在某些情况下起作用，否则容易引起怠速控制的超调。

③ 调整 PI 参数的方法。首先将 I 参数置零，停止积分作用，然后调节 P 参数，使怠速转速非常稳定，此时实际转速是不是目标怠速不重要；然后，逐步增大 I 参数，当怠速转速开始趋向不稳定时，回调 I 参数至怠速稳定运行时临界值即可。

6.5.3　热保护工作原理

（1）热保护的必要性　过高的工作温度将导致过高的热负荷，从而损坏发动机，造成如拉缸、拉单体泵柱塞等严重故障；冷却液沸腾、汽化；冷却水泄漏导致冷却水水温迅速升高；油路阻塞、设计不合理导致的回油不畅导致燃油温度过高。

（2）几种热保护及其策略　高水温保护，燃油温度过高保护，进气温度过高保护。

（3）需要热标定才能精确标定。

（4）热保护发生时就要降低发动机功率，并非都是发动机的问题。

6.5.4　冒烟极限控制

（1）目的　对于增压中冷柴油机，由于增压器的迟滞效应，在柴油机加速过程中易引起进气量不足、空燃比下降、燃油不能完全燃烧，从而产生冒黑烟的现象。

在油门完全踩到底后约 0.8s，增压压力才开始迅速上升，而转速已升至 1450r/min。因此，必须根据增压压力对柴油机喷油量进行限制，以满足空燃比的要求，从而防止在瞬态加速过程中冒黑烟。

（2）冒烟极限控制

① 自由加速时，油门在短短不足 2s 时间内，迅速由 0 踩至 100%，指令油量则迅速由怠速油量增加至外特性油量，而增压压力则由于增压器惯性的滞后反应，并不能迅速地达到足够的压力，导致进气量不足，如果不采用冒烟极限控制，或控制不好，则会出现空燃比偏小，混合气过浓，从而产生黑烟。

② 对于载重卡车、城市公交车，往往要求较大的低速扭矩，低速大扭矩所需要的大油量和增压器低速惯量限制的低增压压力之间因冒烟限制而存在一定的折中关系。

③ 如增压压力不足，冒烟限制策略将使扭矩比自然吸气发动机还要差（引起的原因可能为管漏、中冷器脏、弯管太多且直角转、增压器失效）。

6.5.5 失效策略

（1）什么叫失效策略　失效策略是电控系统故障状态下的运行策略。失效策略分为四个等级。

一级，缺省值；二级，减扭矩；三级，Limphome（跛行回家）；四级，停机。

（2）Limphome 失效策略　当发动机处于以下几种情况的时候，控制策略将进入 Limphome 状态。

① 电子油门传感器损坏或信号线路开路、短路。

② 传感器参考电压故障。

③ 蓄电池电压信号故障。

Limphome 失效策略表现：电子油门失效；发动机转速受限；不踩刹车时，稳定于 1300r/min；踩刹车时，稳定于正常目标怠速；故障灯闪烁。

（3）电子油门故障及失效保护

① 接插件脱落。ECU 报告故障码；进入 limphome 失效策略，油门卡滞。

② ECU 报告故障码。进入 limphome 失效策略；单路油门信号故障/两路相关性故障；采用另外一路油门信号继续运行；进入减扭矩失效策略。

上述情况均伴随故障指示灯的闪烁报警。

（4）减扭矩失效策略

① 进入条件。燃油温度传感器损坏或信号线路开路、短路；油轨压力信号漂移故障；油门信号 1 路/2 路故障；油压闭环控制类故障。

② ECU 处理措施。点亮故障灯，产生相应故障码；在限制范围内，油门仍然起作用；外特性油量会减小一个百分比（目前标定为 25%）；转速没有限制。

（5）停机保护失效策略

① 进入条件。ECU 判断出现下述故障：控制器模数转换功能错误；油轨压力持续过高；轨压传感器信号故障；燃油计量阀驱动线路故障；控制器本身硬件故障；蓄电池电压过低（例如小于 6V）。

② ECU 处理措施。点亮故障灯；产生相关故障码；发动机停机；故障状态下无法再次启动。

（6）热保护功能

① 热保护的必要性。防止水温过高对发动机的损害；防止进气温度过高对发动机的损害；防止温度过高对喷油系统的损害。

② 导致水温过高可能的原因。散热器阻塞；冷却液泄漏；水泵、风扇、节温器等故障；整车匹配不合理。

③ 热保护的种类。高水温保护和高进气温度保护。

（7）水温信号故障下的热保护功能

① 进入条件。ECU 判断水温信号错误：水温传感器损坏；水温传感器信号线损坏（开路或短路）。

② ECU 处理措施。点亮故障灯；产生故障码 P1115、P1116、P0115、P0117、P0118；发动机采用缺省水温 100℃（依据不同机型略有区别）；外特性油量会减小 60%（依据不同车速略有区别）；在限制范围内，油门仍然起作用。

（8）空调的控制策略

① 控制过程。控制器接收空调请求开关信号；指令提升发动机转速（标定值）；指令空调继电器闭合。

② 空调继电器控制策略。当必要时临时断开空调继电器，如启动时；水温过高时；或发动机需要急加速（油门变化率快）时。

目的：限制水温进一步升高；保证启动或急加速的动力需求。

6.6
整车功能

整车功能介绍如表 6-6-1 所示。

表 6-6-1 整车功能介绍

序号	功能名称	功能描述	选择项	整车相应工作
整车功能信息				
1	启动预热控制	◆利用预热器加热进气温度，以改善冷启动性能		
2	空调控制	◆改善夏季司机的驾驶环境 ◆空调使用的控制		空调请求开关、空调继电器
3	仪表输出	◆可向仪表提供发动机转速和冷却水温输出的 PWM 信号		
整车传感器、开关请求信息				
1	空调请求开关	◆常开型，当与地接通时表示空调打开 ◆输入阻抗(pull-down to ECU ground)：(1000±5%)Ω ◆最高低电平作用域值：1.5V ◆输入滤波时间常数：1.0ms	若带空调，则建议必须	加装相应开关
2	点火开关	◆常开型，当与 Vbatt 接通时表示司机要接通 ECU 电源	必选	加装相应开关
3	刹车开关	◆常开型，当与 Vbatt 接通时表示刹车踏板被踩下 ◆输入阻抗(pull-down to ECU ground)：(1000±5%)Ω ◆最高低电平作用域值：1.5V ◆输入滤波时间常数：1.0ms	建议必选	加装相应开关

序号	功能名称	功能描述	选择项	整车相应工作
整车传感器、开关请求信息				
4	离合器开关	◆常开型,当与地接通时表示离合器开关已被踩下 ◆输入阻抗(pull-up to Vbatt internal to ECU):(1000±5%)Ω ◆最高低电平作用域值:1.5V ◆输入滤波时间常数:1.0ms	建议选装,辅助挡位控制	加装相应开关
5	电子油门	◆将驾驶员地意图传递给控制器 ◆双电位器传感器,工作电压:5V ◆6线制 ◆kick down(可选) ◆故障诊断功能	必选	加装电子油门
6	车速传感器	◆霍尔效应传感器信号:5V,15mA max ◆输入阻抗(pull-up to Vcc internal to ECU):(1000±5%)Ω ◆最高低电平作用域值:1.5V ◆最低高电平作用域值:3.6V ◆最大输入电容:1.0nF ◆最高输入频率:3.6kHz ◆占空比:30%~70% ◆从下降沿到下降沿计算频率 ◆信号盘每圈输出8个方波	必选	整车厂提供传感器信号
整车输出控制(继电器、指示灯控制)信息				
1	空调继电器控制	◆ON/OFF ◆工作电压:12V ◆最大输出电流:300mA ◆最大输出电压(ON state):1.0V,300mA ◆最大泄漏电流(OFF state):100μA,16V ◆最大爬行能量:15mJ ◆最高刷新速率:1Hz		加装相应继电器
2	预热继电器	◆ON/OFF ◆工作电压:12V ◆最大输出电流:300mA ◆最大输出电压(ON state):1.0V,300mA ◆预热塞工作电压:12V ◆最大工作电流:<70A		加装相应继电器
3	发动机检测指示灯	◆为On/Off信号 ◆工作电压:12V ◆如采用LED灯必须集成有限压和限流电阻 ◆控制器最大输出电流为:200mA ◆最大输出电压(ON state):1.0V,200mA ◆最大泄漏电流(OFF state):150μA,16V ◆最大爬行能量:10mJ ◆最大重复频率:1Hz ◆对于白炽灯:瞬间峰值电流小于0.8A并在10ms内按指数下降到0.2A	必选	加装相应指示灯

序号	功能名称	功能描述	选择项	整车相应工作
		整车输出控制(继电器、指示灯控制)信息		
4	预热指示灯	◆为 On/Off 信号 ◆工作电压:12V ◆如采用 LED 灯必须集成有限压和限流电阻 ◆控制器最大输出电流为:200mA ◆最大输出电压(ON state):1.0V,200mA ◆最大泄漏电流(OFF state):150μA,16V ◆最大爬行能量:10mJ ◆最大重复频率:1Hz ◆对于白炽灯:瞬间峰值电流小于 0.8A 并在 10ms 内按指数下降到 0.2A	若选装电预热则必选此项	加装相应指示灯
5	水分离器指示灯	◆为 On/Off 信号 ◆工作电压:12V ◆如采用 LED 灯必须集成有限压和限流电阻 ◆控制器最大输出电流为:200mA ◆最大输出电压(ON state):1.0V,200mA ◆最大泄漏电流(OFF state):150μA,16V ◆最大爬行能量:10mJ ◆最大重复频率:1Hz ◆对于白炽灯:瞬间峰值电流小于 0.8A 并在 10ms 内按指数下降到 0.2A		整车厂负责指示灯选型及相关的线束制作
6	MIL 指示灯	◆用于 EOBD 故障码输出		加装相应指示灯
7	冷却水温输出	◆低功率触发型输出(PWM) ◆通过仪表盘的模块显示水温 ◆最大输出电流:50mA ◆最大输出电压(ON state):0.5V,50mA ◆最大泄漏电流(OFF state):100μA,16V ◆最高刷新速度:(50±2%)Hz ◆占空比:10%~100%		需要仪表支持
8	发动机转速输出	◆用于向仪表输出发动机转速信号 ◆低功率触发型输出 ◆显示刷新速度为每转 2 个脉冲(7500rpm) ◆工作电压:12V,0 ◆最大输出电流:20mA ◆最大输出电压(ON state):0.5V,20mA ◆最大泄漏电流(OFF state):100μA,16V ◆最高刷新速度:500Hz ◆占空比:(50±10)%		需要仪表支持
9	诊断与监测接口	◆用于故障诊断 ◆ISO K ◆OBDⅡ标准接口(16 针)	必选	加装诊断接口

6.7

系统电路图

ECU 外围线路如图 6-7-1 所示。

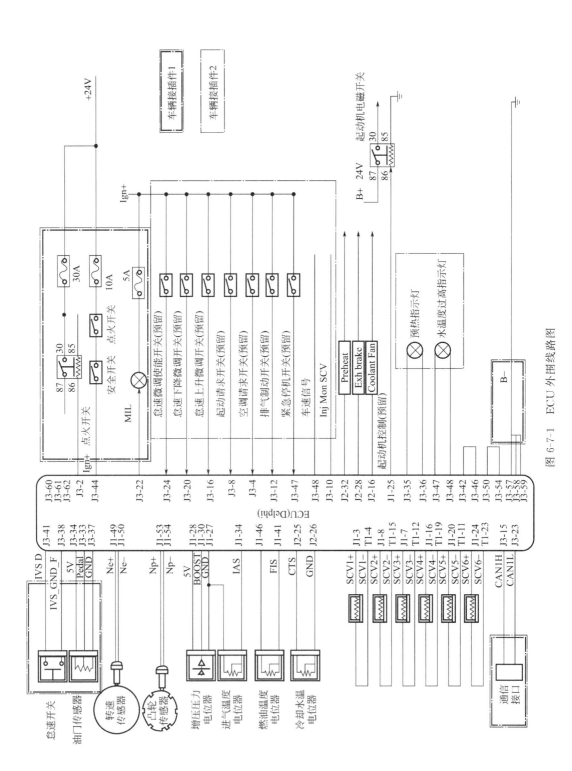

图 6-7-1 ECU 外围线路图

6.8
故障诊断

6.8.1 电喷系统自诊断

控制器（ECU）具有故障自诊断的功能，一旦 ECU 检测出电喷系统故障，将产生对应的故障码并存入内存。依照故障的严重等级，自动进入不同的失效保护策略。大部分情况下，失效保护策略仍能保持发动机以降低功率的方式继续工作。少数极其严重的故障，失效保护策略会停止喷油。

故障码：通过故障检测仪读取。

故障码清除：对故障维修后，连续 40 暖机循环没有出现故障，自动清除。如果驾驶者无法排除故障，请尽快通知专业人员进行检测。

6.8.2 故障码编码规则

按照 SAE（美国汽车工程协会）规范执行，故障码规则如图 6-8-1 所示。

图 6-8-1 故障码编码规则

6.8.3 ECU 故障码（表 6-8-1）

表 6-8-1 ECU 故障码

序号	故障代码	故障码解释
1	P0100	AMF 信号故障-参考电压
2	P0102	AMF 信号范围故障-超高
3	P0103	AMF 信号范围故障-超低
4	P0344	凸轮传感器信号丢失故障
5	P0341	凸轮传感器信号不同步故障
6	P0372	曲轴传感器信号丢齿故障

序号	故障代码	故障码解释
7	P0219	曲轴传感器信号异位故障
8	P0335	曲轴传感器信号丢失故障
9	P0336	曲轴传感器缺齿信号丢失故障
10	P0337	曲轴传感器信号丢失导致停机
11	P1101	环境压力信号故障
12	P1105	环境压力信号故障-参考电压
13	P1107	环境压力信号故障-超低
14	P1108	环境压力信号故障-超高
15	P0108	增压压力信号(boost_p)范围故障-超高
16	P0106	boost_p 飘移故障-偏高
17	P0109	boost_p 飘移故障-偏低
18	P0107	boost_p 信号范围故障-超低
19	P1106	boost_p 信号变化率故障
20	P1109	boost_p 信号合理性故障
21	P1286	喷油器 1 电路电阻水平超低
22	P1287	喷油器 1 电路电阻水平超高
23	P1288	喷油器 2 电路电阻水平超低
24	P1289	喷油器 2 电路电阻水平超高
25	P1290	喷油器 3 电路电阻水平超低
26	P1291	喷油器 3 电路电阻水平超高
27	P1292	喷油器 4 电路电阻水平超低
28	P1293	喷油器 4 电路电阻水平超高
29	P0115	水温传感器信号故障-参考电压
30	P0117	水温传感器信号范围故障-超低
31	P0118	水温传感器信号范围故障-超高
32	P1115	水温传感器信号故障-不合理
33	P1116	水温传感器信号故障-通用
34	P0560	ECU 电源电压故障-模数转换
35	P0562	ECU 电源电压信号故障-超低
36	P0563	ECU 电源电压信号故障-超高
37	P0400	EGR 闭环控制故障-流量管理
38	P1405	EGR 驱动线路故障-开路,对地短路
39	P1406	EGR 驱动线路故障-短接,对电源短路
40	P1480	风扇 1 驱动线路故障-开路
41	P1481	风扇 1 驱动线路故障-短路
42	P1482	风扇 1 驱动线路故障-对地短路

序号	故障代码	故障码解释
43	P0263	喷油器 1 卡滞不喷油
44	P0266	喷油器 2 卡滞不喷油
45	P0269	喷油器 3 卡滞不喷油
46	P0272	喷油器 4 卡滞不喷油
47	P0201	喷油器 1 驱动线路开路故障
48	P0202	喷油器 2 驱动线路开路故障
49	P0203	喷油器 3 驱动线路开路故障
50	P0204	喷油器 4 驱动线路开路故障
51	P1201	喷油器 1 驱动线路短路故障
52	P1202	喷油器 2 驱动线路短路故障
53	P1203	喷油器 3 驱动线路短路故障
54	P1204	喷油器 4 驱动线路短路故障
55	P0180	燃油温度传感器故障-参考电压
56	P0183	燃油温度传感器范围故障-超高
57	P0182	燃油温度传感器范围故障-超低
58	P0251	燃油计量阀驱动线路故障-短路
59	P0253	燃油计量阀驱动线路故障-对地短路
60	P0255	燃油计量阀驱动线路故障-开路
61	P1148	最小驱动脉宽修正故障
62	P1171	第 1 缸喷油器 MDP 飘移_低
63	P1172	第 2 缸喷油器 MDP 飘移_低
64	P1173	第 3 缸喷油器 MDP 飘移_低
65	P1174	第 4 缸喷油器 MDP 飘移_低
66	P1191	轨压无法建立故障
67	P1192	轨压信号飘移-超低
68	P1193	轨压信号飘移-超高
69	P1252	轨压过高
70	P1190	油轨压力信号飘移
71	P0190	油轨压力信号故障-参考电压
72	P0191	油轨压力信号故障-变化率过大
73	P0192	油轨压力信号范围故障-超低
74	P0193	油轨压力过高范围故障-超高
75	P1120	油门信号相关性故障
76	P1122	油门跛行回家故障
77	P1123	油门降扭矩故障
78	P1124	油门卡滞故障

序号	故障代码	故障码解释
79	P0122	油门1信号范围故障-超低
80	P0123	油门1信号范围故障-超高
81	P0120	油门1信号故障-参考电压
82	P1253	油轨压力控制偏差故障-超负限
83	P1254	油轨压力控制偏差故障-超正限
84	P1256	轨压控制故障-模式1
85	P1257	轨压控制故障-模式2
86	P1258	轨压控制故障-模式3
87	P1259	轨压控制故障-模式4
88	P1500	车速传感器信号故障-通用
89	P0641	传感器参考电压1故障-模数转换
90	P0642	参考电压1故障-超低
91	P0643	参考电压1故障-超高
92	P0651	传感器参考电压2故障-模数转换
93	P0652	传感器参考电压2故障-超低
94	P0653	传感器参考电压2故障-超高
95	P1501	车速传感器信号连贯性故障
96	P1503	车速信号溢出故障
97	P1526	风扇2驱动线路故障-开路
98	P1527	风扇2驱动线路故障-短路
99	P1528	风扇2驱动线路故障-对地短路
100	P0606	CPU重置故障
101	P1149	燃油中含水量超标故障
102	P0110	进气温度信号故障-参考电压
103	P0112	进气温度信号范围故障-超低
104	P0113	进气温度信号范围故障-超高
105	P0685	控制器电源管理故障
106	P0215	控制器主继电器卡滞故障
107	P0220	油门2信号范围故障-超低
108	P0223	油门3信号范围故障-超高
109	P0222	油门4信号故障-参考电压
110	P0325	爆震传感器信号丢失
111	P1540	空调驱动线路故障-开路
112	P1541	空调驱动线路故障-短路
113	P1542	空调驱动线路故障-对地短路
114	P1600	喷油关闭信号出现干扰

序号	故障代码	故障码解释
115	P1601	CPU 时钟故障
116	P1602	计时器故障
117	P1603	RAM 区故障-代码
118	P1604	RAM 区故障-标定数据校验
119	P1605	RAM 区故障
120	P1606	非易失存储器监视故障
121	P1607	硬件监视狗-无法断油
122	P1608	硬件监视狗故障
123	P1611	喷油器驱动模块故障-bank1 低
124	P1612	喷油器驱动模块故障-bank1 高
125	P1614	非易失存储器故障-MDP 记录
126	P1615	非易失存储器故障-编码故障
127	P1616	非易失存储器故障-轨压记录
128	P1617	非易失存储器故障-系统管理
129	P1618	喷油器驱动模块故障-bank2 低
130	P1619	喷油器驱动模块故障-bank2 高
131	P1620	非易失存储器故障-CC
132	P1621	非易失存储器故障-故障管理
133	P1622	非易失存储器故障
134	P1678	空调驱动线路故障-开路
135	P1679	空调驱动线路故障-短路
136	P1680	空调驱动线路故障-对地短路

6.8.4　故障指示灯

电喷系统出现一般故障后故障指示灯点亮，严重故障后闪烁。打开点火开关后，系统对故障灯的线路进行自检，点亮故障灯，如无故障，则故障灯在 2s 后熄灭。电喷系统故障消失后，故障指示灯熄灭。

故障指示灯点亮/闪烁说明如表 6-8-2 所示。

表 6-8-2　故障指示灯点亮/闪烁说明

序号	故障描述	原因分析	CE 状态
1	工作相位故障	曲轴信号传感器损坏	闪烁
		凸轮相位传感器损坏	闪烁
		曲轴信号盘有脏污附着	闪烁
		凸轮信号盘有脏污附着	闪烁
		传感器接线(含接插件)损坏	闪烁

序号	故障描述	原因分析	CE 状态
2	预热驱动电路故障	驱动线路(含接插件)破损,开路/短路	闪烁
3	燃油计量阀及驱动线路故障	计量阀损坏	闪烁
		驱动线路(含接插件)破损,开路/短路	闪烁
4	油轨压力传感器信号故障	线束(含接插件)故障	闪烁
		传感器故障	闪烁
5	电喷系统主继电器故障	卡滞或烧毁	闪烁
6	电子油门故障	电位器卡滞	闪烁
		油门故障导致跛行功能	闪烁
		油门故障导致减扭矩功能	闪烁
7	ECU 软/硬件故障	模/数转换模块故障	闪烁
		参考电压输出模块故障	闪烁
		硬件监视狗发现故障	闪烁
		软件监视狗发现故障	闪烁
		喷油驱动模块故障	闪烁
		存储区故障	闪烁
		系统管理模块故障	闪烁
8	喷油器故障	驱动线束(含接插件)故障	闪烁
9	蓄电池故障	电压超低/超高	闪烁
10	进气质量流量传感器故障	线束(含接插件)故障;传感器信号故障	点亮
11	EGR 系统故障	线束(含接插件)故障	点亮
		闭环控制能力故障	点亮
		EGR 系统自学习功能报错	点亮
12	VGT 系统故障	线束(含接插件)故障	点亮
		闭环控制能力故障	点亮
13	增压压力传感器故障	线束(含接插件)故障	点亮
		传感器信号故障	点亮
14	燃油温度传感器故障	线束(含接插件)故障	点亮
		传感器信号故障	点亮
15	进气温度	线束(含接插件)故障	点亮
		传感器信号故障	点亮
16	车速信号错误	线束(含接插件)故障	点亮
		传感器信号故障	点亮
17	喷油脉宽	驱动电路电阻水平异常	点亮
		驱动脉宽修正异常	点亮
18	CAN 通信错误	线束(含接插件)故障	点亮
		驱动模块故障	点亮
19	油水分离报警	油中有水	点亮

6.9
常见故障分析与处理

6.9.1 发动机无法启动（表 6-9-1）

表 6-9-1　发动机无法启动

序号	故障原因	故障处理
1	缺油	检查油箱是否有燃油、油管内进空气
2	检查 ECU 是否有电	①打开点火开关，在 16 端子插接件车辆线束端，用万用表检查主继电器控制线、点火控制线是否有 24V 电压 ②水温传感器端信号线是否有 5V 左右电压 ③电子油门踏板接插件参考电压是否有 5V
3	自动变速箱用手动变速箱的线束	把曲轴传感器插接件上的 J1-49 与 J1-50 两线对换
4	输油泵损坏或失灵	①用故障诊断仪检查时可以发现启动油量会不断往上升并且增加的较多 ②没用故障诊断仪时可以试换输油泵 ③将单体泵室上的回油管在分配器一头拆开进行观察，一般情况下在 1100r/min 左右就应当有回油，如果没有回油可以尝试更换输油泵
5	进气温度传感器损坏	拔开进气温度接插件立即可以启动，更换进气温度传感器
6	热保护起作用，引起启动油量过低	先检查引起热保护的原因，例如油、水、气温度过高等
7	ECU 损坏	①检查外围线路没问题但诊断仪还是无法联接 ECU ②提示 ECU 有 1、3、5 或 2、4、6 缸对低端短路
8	油门参考信号线 C 松脱，引起启动时油门信号超低限	检查 16 端子接插件与踏板端油门参考信号线处是否有松脱
9	单体泵磨损	可以拆开第一缸单体泵的高压油管，另外接高压油管和喷油器，启动发动机，观察喷油器的喷油时间（正常在发动机转动的第一圈和第二圈之间喷油），以及喷油的雾化情况和油量
10	启动转速过低	①电瓶电压过低 ②检查发动机搭铁线是否真的搭铁 ③起动机损坏
11	ECU 版本不对	检查 ECU 是 R04 版的，在故障诊断软件界面开启会第一时间出现 ECU 的版本号
12	转速传感器问题，不同步（没有同步信号）	①传感器正常电阻值(825±100)Ω ②检查传感器和信号盘间的间隙，正常间隙为(1.3±0.3)mm ③换新飞轮后可能装错
13	同步信号时有时无	①首先确认 6 缸机有没有使用 4 缸机的 ECU 数据或者 4 缸机有没有使用 6 缸机的 ECU 数据 ②检查两个转速传感器与线束的接合处是否有接触不良现象

6.9.2 发动机无力（表6-9-2）

表6-9-2 发动机无力

序号	故障原因	故障处理
1	增压压力不够	①检查进气管是否有松脱或者有裂缝 ②压力传感器损坏 ③阻力大（消声器损坏） ④增压器损坏
2	油、水、气温度过高，产生的热保护	检查溢流阀回油是否顺畅（假如回油不畅，所接的回油管会在高速时有抖动厉害的现象）、油路是否堵塞（包括油管管径过小、滤网和柴滤堵塞、油箱内有塑料）、输油泵是否能力不足
3	燃油不够	检查油箱是否有油
4	缺缸	有个别缸不工作，可以通过断缸来判断
5	进出油管过小，引起供油不足	更换油管，油管内径≥8mm
6	进气温度传感器损坏	拔开后发动机恢复正常，则说明其损坏

6.9.3 怠速高（表6-9-3）

表6-9-3 怠速高

序号	故障原因	故障处理
1	电子油门踏板线松脱或接错	检查油门五根线是否一一对应
2	整车线束接插件体和电子油门踏板接插件体进水	用工具把接插件吹干再启动
3	所配电子油门踏板非玉柴配置或指定欧Ⅲ机专用电子油门踏板	专用踏板均为进口配件，有二级智能开关，油门不能与康明斯等同类电控发动机通用

6.9.4 发动机从高速下降到怠速时间很长（表6-9-4）

表6-9-4 发动机从高速下降到怠速时间很长

序号	故障原因	故障处理
1	油门踏板线路接线松动	检查电子油门接线，尤其是油门地线

6.9.5 发动机达不到最高转速（表6-9-5）

表6-9-5 达不到最高转速

序号	故障原因	故障处理
1	电子油门踏板处的线接错	检查油门踏板五根线是否一一对应（图6-9-1）

6.9.6 发动机运行中油门间歇性失效（表6-9-6）

表6-9-6 运行中油门间歇性失效

序号	故障原因	故障处理
1	转速传感器信号不同步，曲轴传感器脏了及损坏	擦净曲轴传感器探头部位，更换传感器

序号	故障原因	故障处理
2	曲轴传感器间隙不够	在曲轴传感器上加个垫片
3	转速 700～800r/min 产生这种情况可能是 ECU 和程序有问题	换 ECU 或重新更新程序
4	车辆存在故障码"油门信号不合理"	用故障诊断仪检查,可以发现急速时油门电压低于 370mV; ①检查电子油门线路是否被汽车厂私自接线,用于其他设备获取电子油门信号,这样会导致信号干扰而引起故障 ②电子油门踏板本身出现故障,更换处理

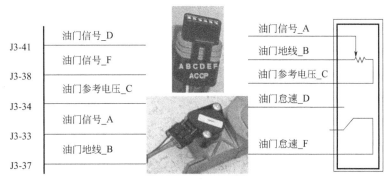

图 6-9-1　检查油门踏板五根线

6.9.7　高速时车发抖（表 6-9-7）

表 6-9-7　高速时车发抖

序号	故障原因	故障处理
1	转速传感器信号不同步(从 1 到 0 变化)	①转速传感器损坏转速传感器正常电阻值:(825±100)Ω ②曲轴正时齿轮移位(可以通过信号盘上的"相位齿"与飞轮上的缺齿部位是否对应来判断,不对应就说明正时齿轮移位)则更换转曲轴

6.9.8　发动机自动熄火（表 6-9-8）

表 6-9-8　发动机自动熄火

序号	故障原因	故障处理
1	缺油	检查油箱是否有足够的油,或者油箱有杂质
2	低压油路进空气较多	检查油箱上的出油管处或者一级滤清器上端的放气螺栓是否有气泡
3	电路出故障	检查线路插接件是否有松脱、主断电器烧坏
4	因为水、油、进气温度过高而进入热保护状态,但是过一会又可以重新启动	①水温高按欧Ⅱ发动机的方式来找原因 ②油温高一般是油路不畅,有杂质或油管、接头的孔径过小造成 ③进气温度高一般是传感器损坏或插接件松脱
5	所配电子油门踏板非玉柴配置或指定欧Ⅲ机专用电子油门踏板	更换电子踏板

序号	故障原因	故障处理
6	"燃油温度不合理"	此故障出现导致自动熄火时需要同时检查燃油温度传感器和进气温度传感器,保证此两个传感器正常,必要是更换
7	ECU 接地线虚接	在 ECU 上有一根接地线,如果没有此线,则有可能会引起发动机在运行过程中自动死火

6.9.9 油门跛脚回家状态(表 6-9-9)

表 6-9-9 油门跛脚回家状态

序号	故障原因	故障处理
1	无怠速,全油门功率不足,脱开踏板接插件怠速恢复	①油门踏板有故障,更换 ②五条线束接错和接触不良有问题

6.9.10 转速传感器跛脚回家状态(表 6-9-10)

表 6-9-10 转速传感器跛脚回家状态

序号	故障原因	故障处理
1	怠速或某一高转速不稳,似有缺火,功率不足	脱开凸轴/凸轮轴传感器回复正常,开回维修站

6.9.11 冒白烟(表 6-9-11)

表 6-9-11 冒白烟

序号	故障原因	故障处理
1	有 1~2 缸没工作,多数是机械故障,如气门推杆损坏或脱落等	更换气门推杆
2	供油不足	输油泵能力不足,更换输油泵
3	油品差,柴油中杂质和水分较多	使用符合规定的柴油
4	燃油管路中有漏气的地方	检查管路

6.9.12 怠速不能调整(表 6-9-12)

表 6-9-12 怠速不能调整

序号	故障原因	故障处理
1	发动机不处于怠速状态	检查发动机不处于怠速的原因,一般情况下主要检查油门是否和水温传感器的显示值是否在正常范围
2	接线问题	对照线路图检查线路,在开关接合的时候 J3-24、J3-20、J3-16 应该分别对应有 24V 电压(图 6-9-2)
3	ECU 数据问题	更新对应的新版本 ECU 数据

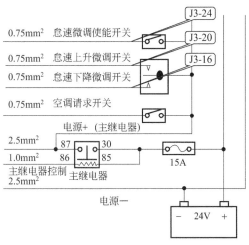

图 6-9-2　线路图

6.9.13　柴油里面有机油（表 6-9-13）

表 6-9-13　柴油里面有机油

序号	故障原因	故障处理
1	单体泵第三道 O 形圈处密封不严	单体泵第三道 O 形圈是否被切边或者有磨损的地方

6.9.14　机油里面有柴油（表 6-9-14）

表 6-9-14　机油里面有柴油

序号	故障原因	故障处理
1	德尔福系统	输有油泵前端油封密封不严,更换输油泵

6.9.15　手油泵泵不上油（表 6-9-15）

表 6-9-15　手油泵泵不上油

序号	故障原因	故障处理
1	手泵内单向阀问题	单向阀上有脏东西,拧开粗滤后能在滤芯座上够看到单向阀,清理后便能够继续使用。(注:手泵的泵油能力相当强,不能无限制用手泵泵油,如果感觉到手泵有一点压力后就不能继续泵油,否则就会损坏单向阀)
2	粗滤前的燃油管道堵塞	由于存在空气会影响其上油速度,需要检查管路问题

第**7**章
博世（Bosch）
电控高压共轨系统

7.1
博世电控高压共轨燃油系统简介

7.1.1　电控高压共轨系统优点

电控高压共轨系统动力强劲，电控单元精确控制，喷油精确控制；有较好的烟度控制能力及低排放能力，排放物明显降低；具有完善的自诊断系统，完善的失效保护模式和安全的控制策略（图 7-1-1）。

燃油消耗低　　　　　　　　　　　　　　　　符合排放标准

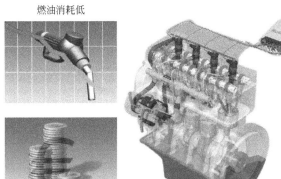

运转成本低　　　　　清洁柴油动力　　　　驾驶愉快而舒适

图 7-1-1　电控高压共轨系统优点

7.1.2　系统工作原理

车辆通过油门踏板传感器得到驾驶员的驾驶需求，并将信号传送给 ECU。ECU 根据车辆工况，对轨压、进气量以及喷油量进行精确运算，从而控制执行器输出，实现驾驶员的需求（图 7-1-2）。

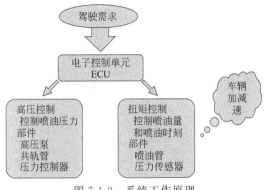

图 7-1-2　系统工作原理

7.1.3　高压共轨系统结构组成（图 7-1-3）

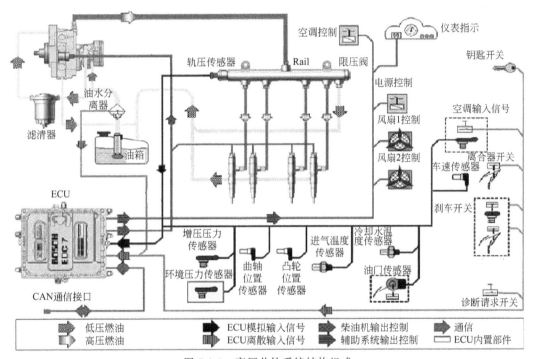

图 7-1-3　高压共轨系统结构组成

7.2
燃油系统零部件结构、特性与拆装

7.2.1　CPN2.2高压油泵

（1）外形结构　如图 7-2-1 所示。

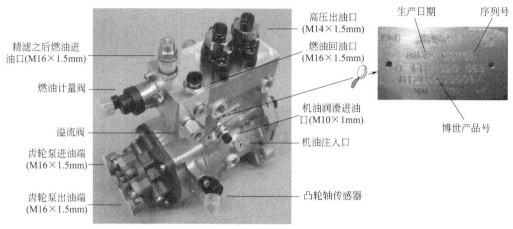

图 7-2-1　CPN2.2 高压油泵结构

（2）内部结构　如图 7-2-2 所示。

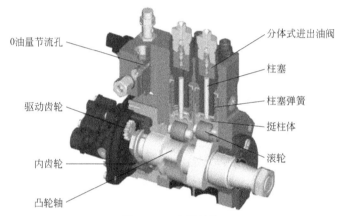

图 7-2-2　内部结构

（3）CPN2.2 高压油泵技术参数

① 主要技术参数。直列双柱塞高压油泵。集成 ZP5 齿轮输油泵，燃油滤清器位于齿轮泵压力端。集成油量计量阀，并由之控制轨压，油量计量阀无电流常开。采用机油润滑，允许承受轴向力。最大系统工作轨压为 1600bar。泵额定转速为 1400r/min。逆时针旋转（从驱动端看）。

② 系统低压油路及参数。

低压管路内径博世推荐值如图 7-2-3 所示，管路内径推荐值如表 7-2-1 所示。

表 7-2-1　管路内径推荐值附表

低压管路	管路内径推荐值/mm	低压管路	管路内径推荐值/mm
油箱到粗滤的油管（包括油箱内的进油管）	CPN2.2≥12	高压泵的回油管	CPN2.2≥12
粗滤到 ECU 冷却盘	CPN2.2≥12	油轨限压阀回油管	CPN2.2≥8
ECU 冷却盘到齿轮泵的油管	CPN2.2≥12	喷油器的回油管	CPN2.2≥4
齿轮泵到精滤的油管	CPN2.2≥12	到达油箱的总回油管	CPN2.2≥12
精滤到高压油泵的管路	CPN2.2≥12		

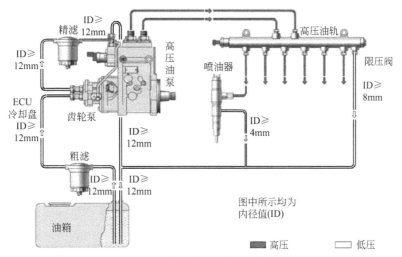

图 7-2-3　低压管路内径博世推荐值

低压油路及压力参数如图 7-2-4、表 7-2-2 所示。

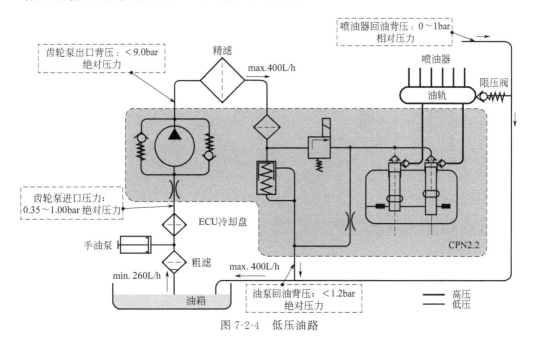

图 7-2-4　低压油路

表 7-2-2　压力参数

高压油泵	齿轮泵进口压力	CPN2.2:0.35～1bar(abs)
	齿轮泵出口压力	<9bar(abs)
	油泵回油背压	<1.2bar(abs)
	齿轮泵进油温度	<70℃:持续工作;70～80℃:使用寿命累计不超过 200h;80～90℃:使用寿命累计不超过 100h
精滤	总体规范	参见客户文档 TCD KM 45 110 004
	最大流量下的压力差	新滤清:<0.1bar;更换期内:<0.8bar;滤清堵塞:<2bar
	滤清爆破压力	>16bar

精滤	过滤效率	对 $3\sim5\mu m$ 颗粒的过滤效率(ISO/TR13353:1994)CPN2.2:$\geqslant$98.6%
	流量要求	CPN2.2:400L/h
限压阀 DBV	总体规范	参见高压油轨客户文档 TCD
	开启时最大回油量	CPN2.2:270L/h
	开启时最高回油温度	130~150℃(因具体应用环境而异)
喷油器 CRIN 2	总体规范	参见喷油器客户文档 TCD
	回油背压	0~1bar(rel)
	最高回油温度	120~150℃(因具体应用环境而异)

（4）CPN2.2 高压油泵主要部件

① 齿轮泵结构组成（图 7-2-5）。

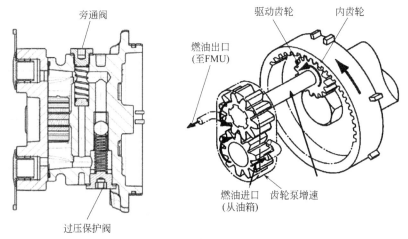

图 7-2-5　齿轮泵结构组成

② 油量计量阀结构组成（图 7-2-6）。

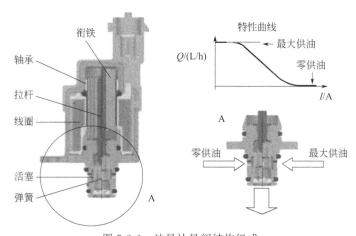

图 7-2-6　油量计量阀结构组成

③ 溢流阀结构组成（图 7-2-7）。

④ 高压组件结构组成。进油示意图如图 7-2-8 所示。

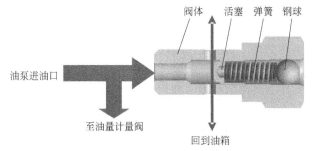

图 7-2-7　溢流阀结构组成

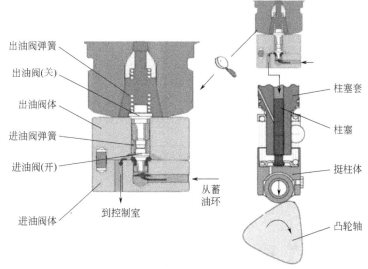

图 7-2-8　进油示意图

泵油示意图如图 7-2-9 所示。

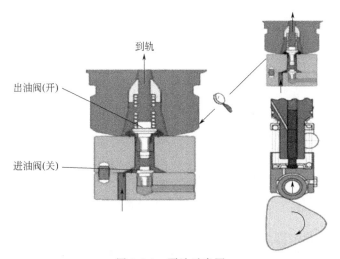

图 7-2-9　泵油示意图

（5）CPN2.2 高压油泵常见失效

① 油量计量阀卡滞。

故障现象：启动困难或发动机工作异常，卡滞的位置不同所引起的发动机故障反应也不一样。

失效原因：计量阀内部活塞由于颗粒物造成卡滞；计量阀内部活塞由于生锈造成卡滞（图7-2-10）。

解决措施：保持低压油路的清洁度，及时更换滤清器。使用合格的燃油，并及时放水。

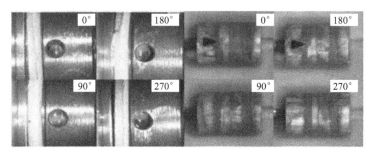

图 7-2-10　计量阀内部活塞

② 油量计量阀插片磨损。

故障现象：线束接头接触不良导致发动机工作不稳定。

失效原因：线束布置连接时没有固定好。

解决措施：合理布置线束及连接，防止接插头振动造成疲劳磨损（图7-2-11）。

图 7-2-11　失效图片（一）

③ 油量计量阀外部损坏。

故障现象：计量阀接头接触不良，造成发动机工作不稳，进入跛行回家。

失效原因：操作不当。

解决措施：不能在计量阀上施加外力，避免外力冲击（图7-2-12）。正确插拔线束接头。

④ 齿轮泵锈蚀有卡滞现象。

故障现象：油泵无法供油，整车无法启动。

失效原因：使用了劣质燃油（含水过多，润滑性较差）。

解决措施：保持低压油路的清洁度，及时更换滤清器。使用合格的燃油，并及时放水（图7-2-13）。

⑤ 高压柱塞进、出油阀卡死或磨损。

故障现象：建压困难或无法建立正常压力，导致车辆无法启动。

失效原因：进出油阀处生锈，且有大量颗粒物，造成阀体卡滞；进出油阀处有磨损，造成阀关不严，无法建立正常轨压。

解决措施：保持低压油路的清洁度，及时更换滤清器（图7-2-14）。使用合格的燃油，并及时放水。

图 7-2-12　失效图片（二）

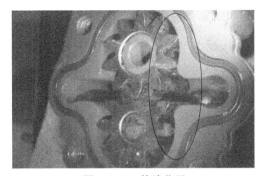
图 7-2-13　故障位置

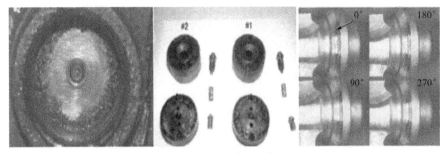
图 7-2-14　进出油阀

⑥ 燃油泄漏。

故障现象：目视油泵高压柱塞处有漏油现象。

失效原因：密封圈老化失效或阀组件被人为拆装过，导致柱塞压紧螺栓处漏油（图 7-2-15）。

解决措施：使用标准燃油；严禁私自拆装高压组件。

图 7-2-15　密封圈老化失效

7.2.2　CP3.3 高压油泵

（1）外形结构　如图 7-2-16 所示。

（2）内部结构　如图 7-2-17 所示。

（3）主要技术参数　主要技术参数有 3-缸径向柱塞高压油泵；集成 ZP18 齿轮输油泵，燃油滤清器位于齿轮泵压力端；集成油量计量阀，并由之控制轨压。油量计量阀无电流常开；采用燃油润滑；最大系统工作轨压 1600bar；泵额定转速 3800r/min；逆时针旋转（从

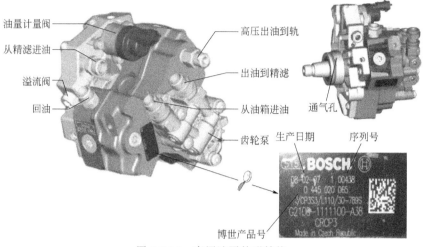

图 7-2-16　高压油泵外形结构

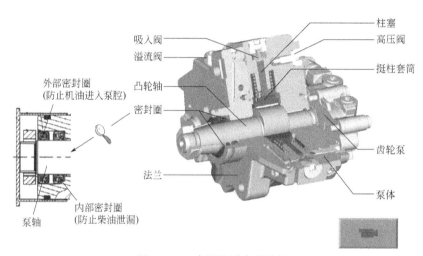

图 7-2-17　高压油泵内部结构

驱动端看）；采用双轴封，法兰外侧有 O 形圈，不可承受轴向力。

（4）系统低压油路及参数

① 低压管路内径博世推荐值（图 7-2-18、表 7-2-3）。

表 7-2-3　管路内径推荐值附表

低压管路	管路内径推荐值/mm	低压管路	管路内径推荐值/mm
油箱到粗滤的油管 （包括油箱内的进油管）	CP3.3≥10	高压泵的回油管	CP3.3≥8
粗滤到 ECU 冷却盘	CP3.3≥10	油轨限压阀回油管	CP3.3≥8
ECU 冷却盘到齿轮泵的油管	CP3.3≥0	喷油器的回油管	CP3.3≥4
齿轮泵到精滤的油管	CP3.3≥10	到达油箱的总回油管	CP3.3≥8
精滤到高压油泵的管路	CP3.3≥10		

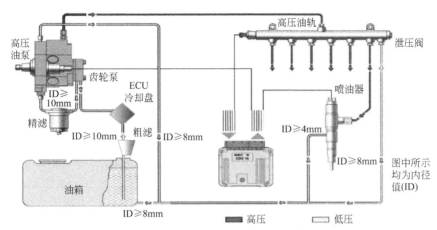

图 7-2-18　低压管路内径博世推荐值

② 低压油路及压力参数（图 7-2-19、表 7-2-4）。

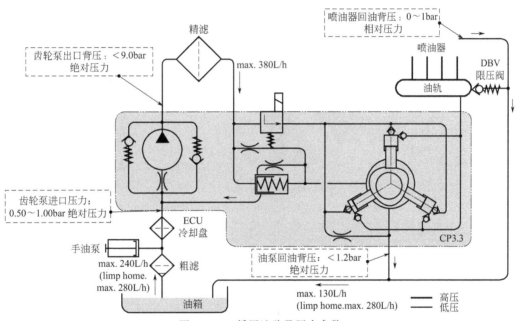

图 7-2-19　低压油路及压力参数

表 7-2-4　低压油路及压力参数附表

高压油泵	齿轮泵进口压力	CP3.3：0.5～1bar(abs)
	齿轮泵出口压力	＜9bar(abs)
	油泵回油背压	＜1.2bar(abs)
	齿轮泵进油温度	＜70℃：持续工作；70～80℃：使用寿命累计不超过 200h；80～90℃：使用寿命累计不超过 100h
精滤	总体规范	参见客户文档 TCD KM 45 110 004
	最大流量下的压力差	新滤清：＜0.1bar；更换期内：＜0.8bar；滤清堵塞：＜2bar
	滤清爆破压力	＞16bar

精滤	过滤效率	对 3～5μm 颗粒的过滤效率(ISO/TR13353:1994)CP3.3：$\geqslant$97.3%
	流量要求	CP3.3：380L/h
限压阀 DBV	总体规范	参见高压油轨客户文档 TCD
	开启时最大回油量	CP3.3：215L/h
	开启时最高回油温度	130～150℃(因具体应用环境而异)
喷油器 CRIN 2	总体规范	参见喷油器客户文档 TCD
	回油背压	0～1bar(rel)
	最高回油温度	120～150℃(因具体应用环境而异)

（5）CP3.3 高压油泵主要部件

① 齿轮泵结构组成见图 7-2-20。

② 溢流阀结构组成见图 7-2-21。

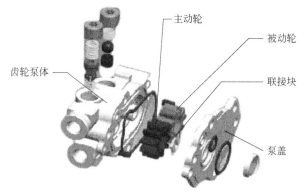

图 7-2-20　齿轮泵结构组成

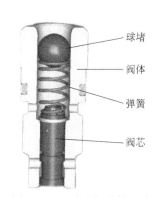

图 7-2-21　溢流阀结构组成

③ 油量计量阀结构组成。控制进入柱塞的燃油量，从而控制其轨管压力比例电磁阀（图 7-2-22）。脉宽调制（PWM）控制（165～195Hz）。线圈电阻 2.6～3.15Ω。最大电流 1.8A。缺省状态--断电：全开（limphome）。

④ 低压阀、高压阀结构组成见图 7-2-23。

（6）高压泵 CP3.3 的安装

① 高压泵的安装。高压泵采用内置的连接盘从而缩短距离。降低燃油喷射泵所受的轴承载荷。穿过齿轮室盖板，用 3 件螺栓上紧到燃油喷射泵连接盘上。高压泵齿轮装配无正时要求。3 件螺栓的扭矩都为 25～35N·m，轴端齿轮螺栓扭矩为 100～110N·m

注意：应小心移出包装箱，不能握住高低压连接口 MPROP 等低强度部件，而只能握住泵的壳体。非必要时，安装中不能去除泵上的各种防护套。将泵安装到发动机上时，最好同时上紧其 3 个安装螺栓，或多次均匀上紧。仅在泵已装在发动机上且要连接低压油管时才允许去掉其防护套。安装连接高压油管前才能去除其防护套且应立即安装好高压油管。泵不允许"干转"，转动前必须排除内部空气。完成机械安装后才进行电气接口的安装。

② 高压泵从发动机上拆卸。当拆除油管时，该油管连接口应立即用原防护套盖紧，或用干净的塑料布套紧接口。拆卸高压油管时，注意用工具保持泵上的过渡接头位置，防止在拆高压油管时将其从泵上松开。

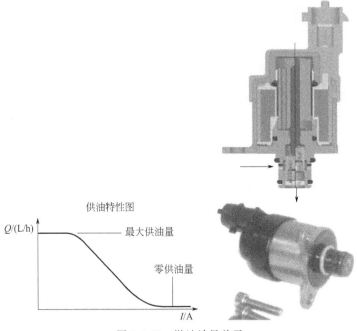

供油特性图

图 7-2-22　燃油计量单元

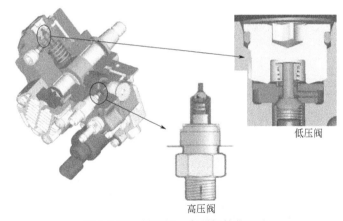

低压阀

高压阀

图 7-2-23　低压阀、高压阀结构组成

③ 高压泵系统初始充油与排空。在对高压泵初次充油时，由于其齿轮输油泵内有空气而导致供油不足，应该采用附加的输油泵对其供油。

该附加的输油泵可以是加装在整车上的一个起动辅助输油泵，也可以是加装在整车上的一个手油泵。

在所有运行的环境压力下，高压泵总成 CP3/ZP 的最小供油压力为 2bar，最大压力为6bar（对 CP3/ZP18.1 或 ZP18.3）或 4bar（对 CP3/ZP18.4 或 ZP18.5 或 ZP20）。注意依此选择滤清器上的手油泵。

低压油路排空：松开高压泵的进油口，压动手泵直到高压泵的进油口有燃油流出至无气泡状态，高压油路一般无需人工排空，拖动电机高压部分将自行排空。

（7）CP3.3 高压油泵常见失效

① 油量计量阀卡滞。

故障现象：发动机工作异常，启动后泄压阀直接冲开。

失效原因：低压油路中颗粒较多造成计量阀卡滞；燃油中含有大量的水（图7-2-24）。

解决措施：保持低压油路的清洁度，及时更换滤清器；使用合格的燃油，并及时放水。

② 颗粒卡滞在溢流阀中。

故障现象：溢流阀卡滞导致轨压不足，发动机难启动或不能启动。

失效原因：低压油路中颗粒较多造成溢流阀卡滞（图7-2-25）。

解决措施：保持低压油路的清洁度，及时更换滤清器；安装时保证管路及接头的清洁度；使用符合标准的燃油及燃油滤清器。

③ 轴端密封圈损坏。

图 7-2-24　失效原因

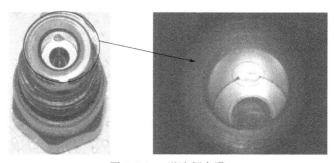

图 7-2-25　溢流阀卡滞

故障现象：运行过程中油泵的安装面发现漏油，轴封失效。

失效原因：泵回油腔压力过高；使用燃油中颗粒较多润滑性较差。

解决措施：保持泵的回路通畅，避免油管弯折，注意三通的连接；使用标准的燃油，及时更换滤清器；确保安装时油泵通气孔不被堵塞（图7-2-26）。

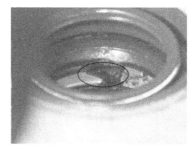

图 7-2-26　油泵损坏（一）

④ 计量阀外部损坏。

故障现象：计量阀接头接触不良，造成发动机工作不稳，进入跛行回家（图7-2-27）。

失效原因：操作不当。

解决措施：不能在计量阀上施加外力，避免外力冲击；正确插拔线束接头。

⑤ 齿轮泵齿轮、连接片、驱动轴断裂。

图 7-2-27　线鼓掌插接器损坏

故障现象：轨压无法建立，发动机突然熄火，按压手油泵可以启动，但手油泵一停，发动机即熄火。

失效原因：泵内压力过高（图 7-2-28）；燃油润滑性较差。

解决措施：保持泵的回路通畅，避免油管弯折，注意三通的连接；使用符合国家标准的燃油。

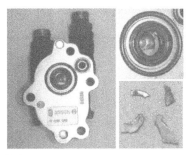

图 7-2-28　油泵损坏（二）

7.2.3　高压油轨

（1）外形结构　如图 7-2-29 所示。

（2）内部结构　如图 7-2-30 所示。

（3）主要技术参数　最大系统工作压力 1600bar，泄压阀打开压力 1850bar。泄压阀打开限制：累计打开次数＜50 次，累计打开时间＜5h。

（4）高压油轨主要部件及其工作原理

① 轨压传感器。

② 限压阀（DBV）。限压阀内部结构：泄压阀是实现跛行功能的一个重要部件，它是一个机械阀，主要由阀体、弹簧、密封活塞、O 形圈等组成（图 7-2-31）。

跛行模式：ECU 监测到某系统参数不正常时，如油量计量阀线路出现开路，出于保护整个系统的目的，ECU 会使整个系统运行在扭矩输出比较低的工况（通过限制轨压），这样既能保护系统和驾驶者，又能让车辆仍然能行驶到就近的维修站进行检查和维修。

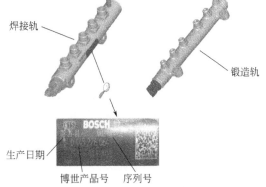

图 7-2-29　高压油轨外形结构

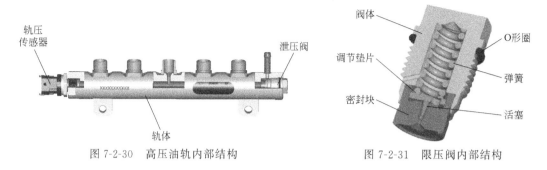

图 7-2-30 高压油轨内部结构

图 7-2-31 限压阀内部结构

限压阀工作原理：正常工作状态下，DBV 关闭（图 7-2-32）。

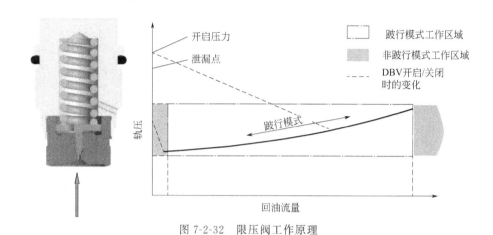

图 7-2-32 限压阀工作原理

故障状态下：轨压升高→活塞打开→轨压迅速下降（图 7-2-33）

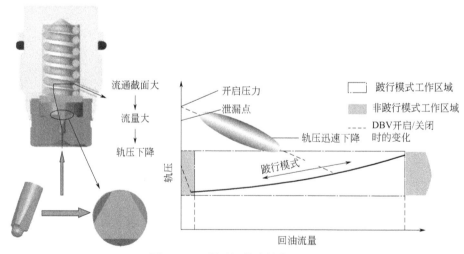

图 7-2-33 限压阀故障状态（一）

活塞上下移动，流通截面改变，与弹簧共同调节跛行压力，从而实现跛行模式（图 7-2-34）。

（5）共轨管的安装与拆卸

① 共轨管安装。小心轻放，安装前任何损伤均不许再用。安装引起的最大允许轴向力：

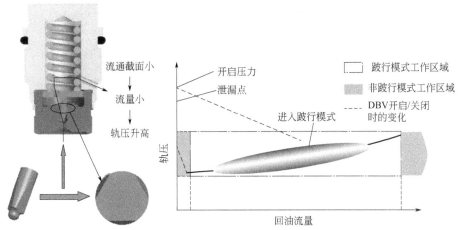

图 7-2-34　限压阀故障状态（二）

25kN。回油管管长应小于200mm；由于跛脚回家期间燃油温度将升高50℃（与共轨管内温度相比），附近零部件设计应能承受此温度。

② 共轨管拆卸。发动机运行时不允许装拆，拆卸前确认共轨管内压力回落至环境压力，拆卸后必须换装新密封垫片或密封件。共轨管安装法兰在装拆过程中最大受载为120N·m。

③ 共轨管安装顺序。将各缸喷油器安装至指定扭矩。用手拧紧共轨管安装法兰至2～3N·m。用手将各缸高压管拧紧至（3±1）N·m。将共轨管拧紧至指定扭矩。将各缸高压油管喷油器端螺帽拧紧至指定扭矩。将各缸高压油管共轨管端螺帽拧紧至指定扭矩。安装高压泵至共轨管的高压油管并分2次拧紧至指定扭矩。

（6）高压油轨常见失效

① 轨压传感器接头损坏。

故障现象：轨压不正常，泄压阀打开，发动机工作于跛行模式。

失效原因：轨压传感器接头连接不好，造成轨压信号异常（图7-2-35）。

解决措施：避免操作不当，损坏传感器接头。

图 7-2-35　轨压传感器接头损坏

② 共轨管接头损坏。

故障现象：高压接头处漏油。

失效原因：操作不当，损伤接头螺纹（图7-2-36）。

解决措施：避免操作不当，拧紧螺纹前先用手将螺母旋到底；避免使用工具敲击螺纹。

③ 轨压传感器RDS。

故障现象：轨压传感器失效，轨压信号异常。

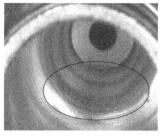

图 7-2-36　损伤接头螺纹

失效原因：液体进入轨压传感器排气孔。

解决措施：保证轨压传感器接头密封，防止液体进入。

④ 泄压阀腐蚀。

故障现象：泄压阀有泄漏，发动机无法启动。

失效原因：燃油中含水。

解决措施：确保油水分离器有效工作，及时放水；保证燃油品质。

7.2.4　共轨喷油器

（1）外形结构　CRIN 主要是配用于商用车的喷油器，可以实现预喷、主喷及后喷三种喷射形式。喷油量和喷油持续时间是由系统压力和加电时间决定，受电控单元驱动。目前使用的商用车喷油器主要有以下几种形式（图 7-2-37、图 7-2-38）。

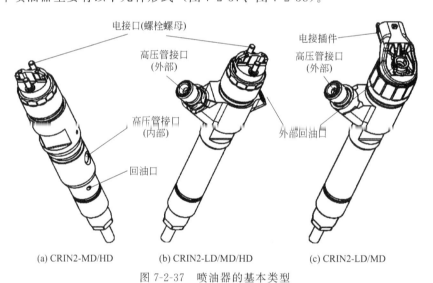

(a) CRIN2-MD/HD　　　(b) CRIN2-LD/MD/HD　　　(c) CRIN2-LD/MD

图 7-2-37　喷油器的基本类型

（2）内部结构　如图 7-2-39 所示。

（3）共轨喷油器技术参数　线圈电阻 230mΩ；最大加电时间 4ms；最大工作轨压 1600bar。

（4）共轨喷油器工作原理

① 工作原理。关闭（无喷射）→打开（开始喷射）→全开（喷射）→关闭（喷射量减少）→完全关闭（停止喷射）（图 7-2-40）

② 回油油路（图 7-2-41）。

（5）喷油器的安装

① 洁净度。喷油器对杂质敏感，必须保持洁净。所用防护套仅在装配前才能去掉。

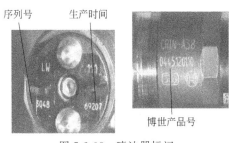

序列号　生产时间

博世产品号

图 7-2-38　喷油器标记

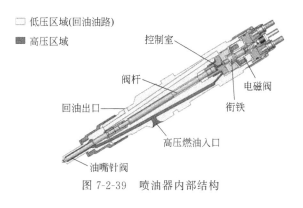

□ 低压区域(回油油路)
■ 高压区域

控制室

阀杆
电磁阀
回油出口
衔铁
高压燃油入口
油嘴针阀

图 7-2-39　喷油器内部结构

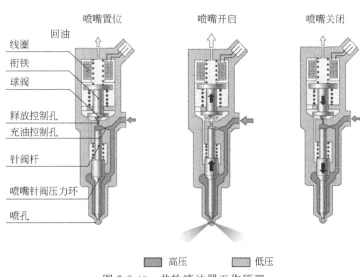

喷嘴置位　　喷嘴开启　　喷嘴关闭

回油

线圈
衔铁
球阀
释放控制孔
充油控制孔
针阀杆
喷嘴针阀压力环
喷孔

■ 高压　　■ 低压

图 7-2-40　共轨喷油器工作原理

② 喷油器的安装。将喷油器导入气缸，盖孔要求对准进油口，导入时无特别阻力，上紧压板推荐的力矩为 30～50N·m（图 7-2-42）。将喷油器压板完全松开，使之不受力。

将高压连接管装入，预紧至 30～50N·m，使其到位，之后松开。拧紧喷油器，上紧至规定的压紧力，任何情况下不能超过 15kN（压板螺母拧紧力矩 47～55N·m），过高的压紧力会造成喷油量变化（图 7-2-43）。拧紧高压连接管，拧紧力矩为 50～55N·m。

（6）共轨喷油器常见失效

① 喷油器内部腐蚀。

故障现象：发动机工作粗暴，加油门时冒黑烟。

失效原因：燃油中含水过多（图 7-2-44）。

解决措施：确保燃油质量；定时放水并保证油水分离器质量。

② 喷油器内部座面磨损。

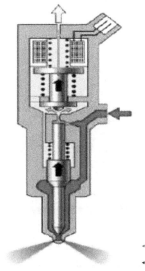

功能性回油
泄漏性回油

图 7-2-41　回油油路

图 7-2-42　喷油器的安装（一）

图 7-2-43　喷油器的安装（二）

故障现象：故障灯亮，加油门时冒黑烟，动力不足。

失效原因：燃油中含有大量的细微颗粒（图 7-2-45）。

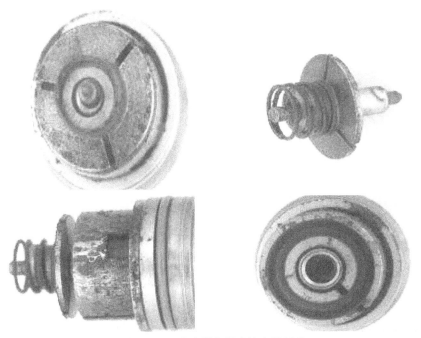

图 7-2-44 喷油器内部腐蚀失效图片

解决措施：保证滤清器质量，尤其是精滤过滤质量。在油箱通气孔加装过滤装置，避免外部环境对燃油污染（图 7-2-46）。确保燃油质量。

图 7-2-45 燃油中含有大量
细微颗粒

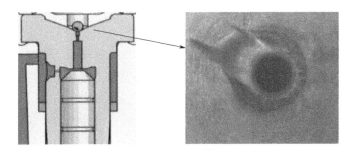

图 7-2-46 油箱通气孔

③ 铜垫密封不好，气缸窜气。

故障现象：发动机动力不足，燃烧气体窜入回油中。

失效原因：颗粒使铜垫片出现凹坑，无法密封。

解决措施：保证喷油器安装时，铜垫片、发动机安装孔及喷油器的清洁度（图 7-2-47）。铜垫片不可重复使用。博世推荐只使用一个铜垫片，避免使用多个垫片。

④ 电磁阀电磁线圈熔化。

故障现象：喷油器无法正常工作。

失效原因：加电电压过大或加电时间过长，造成电磁阀线圈熔化（图 7-2-48）。

解决措施：禁止人为给喷油器加电。

⑤ 喷油器高压接头松动。

故障现象：喷油器高压接头松动，造成燃油泄漏（图 7-2-49）。

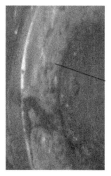
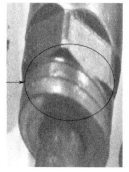

图 7-2-47　失效图片（三）

失效原因：拆卸高压油管时，接头跟转。

解决措施：拆卸高压油管时需用扳手固定高压接头。

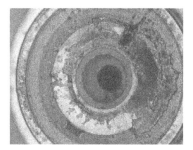
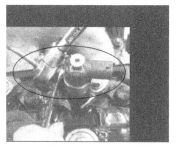
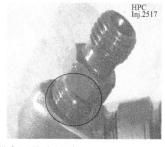

图 7-2-48　电磁阀线圈熔化　　　　　　　　图 7-2-49　喷油器高压接头松动

⑥ 机械人为损伤。

故障现象：机械损伤造成喷油器无法正常工作，发动机工作不稳定。

失效原因：错误的操作，不合理的安装（图 7-2-50）。

图 7-2-50　喷油器损伤

解决措施：电磁阀紧母，接线柱和束插头避免粗暴操作。安装喷油器时需要严格按照客户使用指导手册操作。

7.3
电控系统零部件结构、特性与拆装

7.3.1 共轨系统部件组成（图 7-3-1）

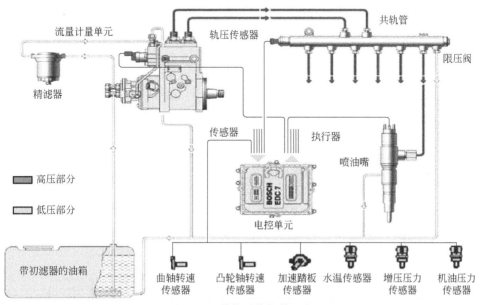

图 7-3-1 共轨系统部件组成

7.3.2 博世电控单元

（1）控制器 ECU 特性参数

① 型号：EDC7UC31。

② 特性参数。工作环境−30～105℃（安装在发动机上时要求燃油冷却）。工作电压 24V（9～32V）。接插件：141Pins（16＋36＋89），尺寸（248×206×54）mm^3。ECU 壳体要求与车身。ECU 的 8 个固定螺栓扭矩均为（10±2）N·m。

③ 优点。结构紧凑、兼容性好；低功耗，稳定的 I/O；功能强大的微处理器，容量大；安装在发动机上振动小；经过热冲击、低温、防水、化学、盐腐蚀、振动、机械冲击、EMC 试验。

（2）外形结构 ECU 是整个电控系统的控制中心，目前在商用车中广泛应用的为以下两种型号（图 7-3-2）。

（3）ECU 冷却盒 由于采用了在发动机上的安装方式，为了防止发动机机体的温度传递到 ECU 上，所以在 ECU 和发动机的机体之间增加了一个冷却盒，以此来保证 ECU 能在允许的温度（105℃）下工作（图 7-3-3）。

（4）功能原理 ECU 有硬件和软件两部分组成，ECU 通过对发动机及整车进行各种各

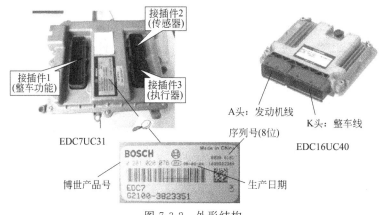

接插件2
(传感器)

接插件1
(整车功能)

接插件3
(执行器)

A头：发动机线

K头：整车线

EDC7UC31

序列号(8位)

EDC16UC40

博世产品号

生产日期

图 7-3-2　外形结构

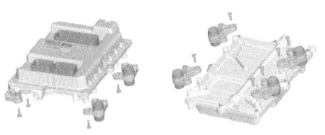

图 7-3-3　ECU 冷却盒

样的开、闭环控制，保证处于最佳运转状态，其具体功能主要有以下几点（图 7-3-4）。

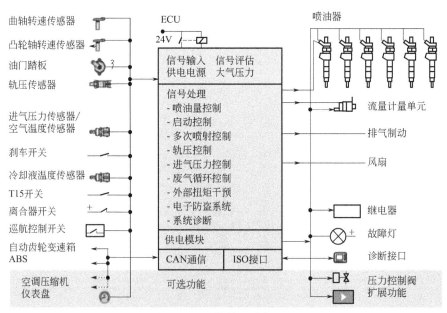

图 7-3-4　电控单元功能原理

　　① 接收各传感器信号，一般有模拟信号（如温度、压力传感器）和数字信号（如转速传感器、开关等）两种。

　　② 对信号进行计算、处理以及评估。

③ 根据接收信息输出指令，控制各个执行器（如喷油器、计量阀）工作。

④ 与其他电器单元进行通信。

⑤ 输出信号以显示发动机运行状态，并对整个系统进行诊断和监控。

（5）工作环境及要求　如图 7-3-5 所示。

（6）线束连接　平行线路间最小距离为 10cm。执行器线束和传感器线束应该垂直交叉。ECU 接头处平行线束最小距离为 5cm（图 7-3-6）。

线束的固定点应该和 ECU 在同一平面内，与 ECU 保持相同的振动频率，同时线束第一固定点和 ECU 接头的距离应该在 10～15cm 之间。线束的固定应该保证水不

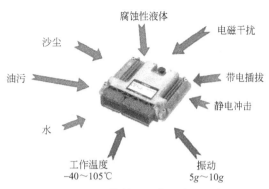

图 7-3-5　电控单元工作环境及要求

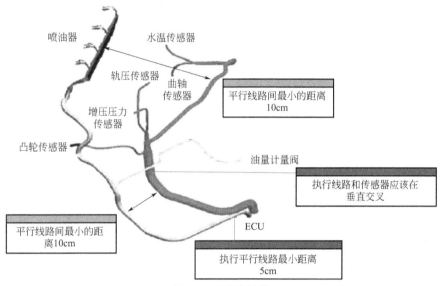

图 7-3-6　线束连接

能进入接头当中。ECU 的安装位置还要考虑线束电阻的影响，所以 ECU 和电瓶之间的供电线，以及 ECU 和喷油器之间的供电线不宜过长（保证电阻尽量小）。连接和拔出 ECU 的接插件时不能用力过猛，防止针脚被损，尽量减少插拔的次数。在拔 ECU 的接插件时，必须等到 ECU 完全断电（经过完整的 After-run 时间）再拔下，或者直接拔掉电源。严禁用手或者其他机械部件接触 ECU 接插件的管脚以防损坏 ECU，在 ECU 插槽没有线束连接的情况下，应该有保护套保护。

（7）ECU 接插件的引脚定义

① ECU 接插件 1（图 7-3-7、表 7-3-1）。

表 7-3-1　ECU 接插件 1 的引脚定义

针脚	中文含义
1.08	电源正极
1.09	电源正极

针脚	中文含义
1.02	电源正极
1.03	电源正极
1.04	电源输出(24V)
1.10	电源负极
1.11	电源负极
1.05	电源负极
1.06	电源负极
1.22	诊断灯电源
1.13	2♯风扇控制
1.29	V3 数字地
1.30	诊断灯电源
1.31	巡航控制,"加速"
1.32	发动机起动控制开关
1.33	发动机转速仪表输出
1.34	CAN 通信高
1.35	CAN 通信低
1.36	燃油加热控制
1.37	发动机启动继电器控制高端
1.38	冷启动指示灯
1.39	水传感器指示灯
1.40	点火开关
1.41	刹车开关 1♯
1.42	空调请求开关
1.43	水传感器
1.47	发动机停止开关
1.48	低怠速开关高端
1.49	刹车开关 2♯
1.51	发动机启动继电器控制低端
1.55	预热装置继电器控制线高端
1.59	预热装置继电器控制线低端
1.61	起动机控制端
1.62	扭矩限制信号高端
1.64	巡航控制,"减速"
1.65	扭矩限制信号低端
1.66	离合器开关
1.70	车速信号低端
1.71	车速信号高端

针脚	中文含义
1.72	诊断请求开关
1.74	巡航控制,"关闭"
1.76	2#油门传感器低端
1.77	1#油门传感器高端
1.78	1#油门传感器低端
1.79	1#油门传感器信号端
1.48	低怠速开关低端
1.80	2#油门传感器信号端
1.84	2#油门传感器高端
1.85	空挡开关
1.87	凸轮轴传感器信号输出
1.88	曲轴传感器信号输出
1.89	K线

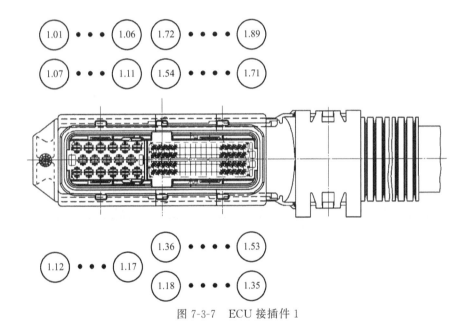

图 7-3-7　ECU 接插件 1

② ECU 接插件 2（图 7-3-8、表 7-3-2）。

表 7-3-2　ECU 接插件 2 的引脚定义

针脚	中文含义
2.03	电源输出(24V)
2.04	燃油加热继电器控制高端
2.05	燃油加热继电器控制低端
2.06	排气制动碟阀控制

针脚	中文含义
2.11	空调压缩机继电器控制
2.09	凸轮轴传感器信号高端
2.10	凸轮轴传感器信号低端
2.12	共轨油压传感器低端
2.13	共轨油压传感器高端
2.14	共轨油压传感器信号端
2.15	冷却水温传感器高端
2.26	冷却水温传感器低端
2.19	曲轴传感器低端
2.23	曲轴传感器高端
2.25	增压压力传感器低端
2.33	增压压力传感器高端
2.34	增压压力传感器信号端
2.36	增压温度传感器信号端

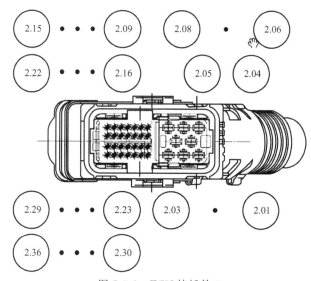

图 7-3-8 ECU 接插件 2

③ ECU 接插件 3（图 7-3-9、表 7-3-3）。

表 7-3-3 ECU 接插件 3 的引脚定义

针脚	中文含义
3.04	第一缸喷油器驱动高端
3.13	第一缸喷油器驱动低端
3.06	第二缸喷油器驱动高端
3.11	第二缸喷油器驱动低端

针脚	中文含义
3.05	第三缸喷油器驱动高端
3.12	第三缸喷油器驱动低端
3.03	第四缸喷油器驱动高端
3.14	第四缸喷油器驱动低端
3.01	第五缸喷油器驱动高端
3.16	第五缸喷油器驱动低端
3.02	第六缸喷油器驱动高端
3.15	第六缸喷油器驱动低端
3.10	油量计量阀驱动低端
3.09	油量计量阀驱动高端

（8）博世电控单元常见失效模式

① ECU 针脚腐蚀。

故障现象：整车相关功能失效，无法启动。

失效原因：ECU 端线束接头进水，或线束内部漏水（图 7-3-10）。

解决措施：检查泄漏点、线束接头密封圈以及线束内部有无泄漏水的可能。

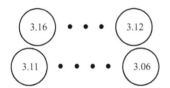
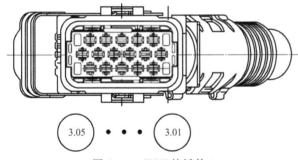

图 7-3-9　ECU 接插件 3

图 7-3-10　ECU 针脚腐蚀

② ECU 数据刷错。

故障现象：整车相关功能失效，无法启动。

失效原因：ECU 刷入了错误版本的数据。

解决措施：对 ECU 数据重新刷写。

③ ECU 内部电阻 R3076。

故障现象：整车相关功能失效，无法启动。

失效原因：R3076 在超过上限的电压不断冲击下造成累计损坏（图 7-3-11）。

根本原因：整车线束连接时把 ECU 的供电和整车的起动机、发电机等负载连接在一起（图 7-3-12）。

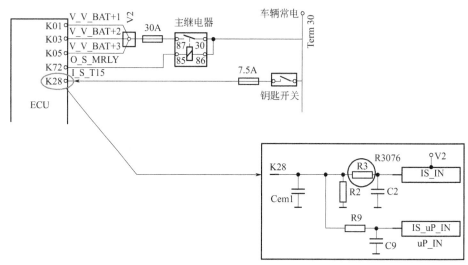

图 7-3-11　电路图（一）

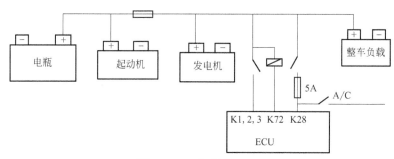

图 7-3-12　电路图（二）

解决措施：按照 Bosch 线束要求，ECU 的供电直接取自电瓶，不能与其他负载，特别是发电机、起动机等大功率负载接在一起（图 7-3-13）。

图 7-3-13　R3076 损坏

④ ECU 内部芯片 S4500（CY09）。

故障现象：整车相关功能失效，仪表无发动机转速显示。

失效原因：由于过载造成 S4500 的 20 号针脚对地短路（图 7-3-14）。

根本原因：ECU 的 133 针脚上并联了其他负载；ECU 转速信号线 133 与车辆行驶记录仪车速传感器供电电压短接；ECU 转速信号线 133 与转速传感器信号线短接；转速传感器地与转速仪表连接。

解决措施：断开其他所有负载，使 133 针脚只输出给仪表盘作转速显示，并保证无反向电压输入。

⑤ ECU 内部芯片 S8000（CJ945）。

故障现象：整车相关功能失效，发动机无法启动。

失效原因：焊接过程中不规范的操作导致过电流进入 ECU，致使内部芯片失效（图 7-3-15）。

解决措施：进行焊接操作时必须断开 ECU 接头，并断开电瓶负（图 7-3-16）；对 ECU 接头进行保护，防止电火花溅入 ECU 针脚；焊接时焊点与焊枪接地点尽量靠近，严禁焊点与接地点中间跨越 ECU；焊接时接地要牢靠，防止焊接中接地突然断开或接触不良。

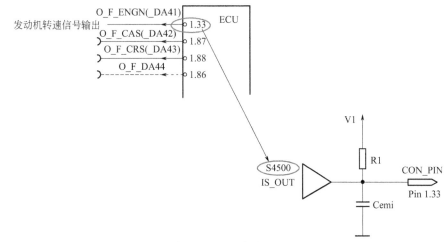

图 7-3-14　电路图（三）

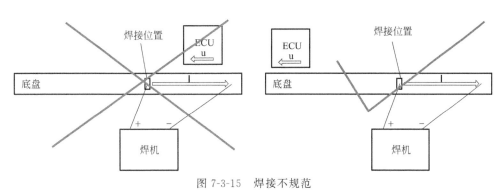

图 7-3-15　焊接不规范

7.3.3　博世共轨系统传感器

（1）博世共轨系统传感器列表（表 7-3-4）

表 7-3-4　博世共轨系统传感器列表

序号	名称	功能描述
1	曲轴传感器	精确计算曲轴位置，用于喷油时刻和喷油量计算、转速计算
2	凸轮轴传感器	判缸和跛行回家
3	进气温度传感器	测量进气温度，修正喷油量和喷油正时，过热保护
	增压压力传感器	监测进气压力，调节喷油控制，与进气温度集成在一起
4	冷却水温度传感器	测量冷却水温度，用于冷启动、目标急速计算等，同时还用于修正喷油提前角、最大功率保护等
5	共轨压力传感器	测量共轨管中的燃油压力，保证油压控制稳定
6	油门位置传感器	将驾驶员的意图送给控制器 ECU
7	机油压力传感器	测量机油压力
8	大气压力传感器	用于校正控制参数，集成在 ECU 中

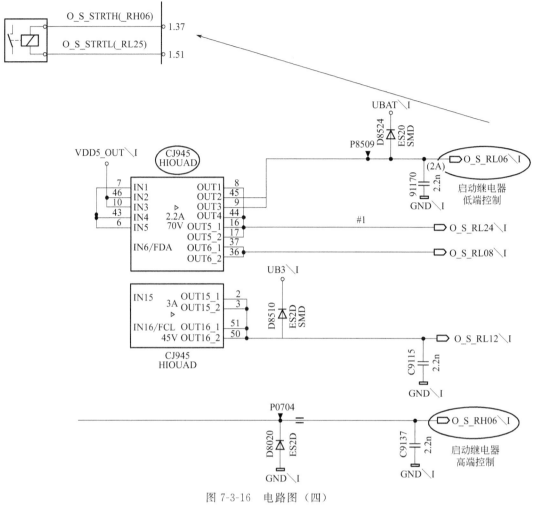

图 7-3-16　电路图（四）

（2）曲轴/凸轮轴传感器（DG6）

① 外形结构。对于商用车来说，曲轴和凸轮轴的型号相同，是一种可变磁租式的磁感应传感器（图 7-3-17）。

② 工作原理。曲轴传感器为一磁感应传感器，磁场的强度受触发轮与传感器间磁隙影响，当触发轮轮齿向传感器接近时，磁场强度变强，当触发轮轮齿远离传感器时，磁场强度变弱。当触发轮旋转时，将会产生一个交变的磁场，从而使得电磁线圈产生一个正弦感应电压，交变电压的振幅和频率随着触发轮转速的提高而加大。

曲轴传感器与触发轮的布局如图 7-3-18 所示，L 为传感器与触发轮之间的距离，为 0.3～1.8mm。触发轮由 58（60-2）个齿组成，每个齿产生一个电脉冲，当曲轴转动时，发动机转速必须大于 50 转，才能产生信号，信号由曲轴传感器输出至 ECU 进行处理。

③ 安装要求。安装时博世推荐径向安装，避免轴向安装。线束连接时，此传感器必须采用双绞形式，最大绞制间距是 2.5cm（图 7-3-19）。

线束在车辆上的弯曲不能过大，α 角在 ±45° 之间，半径大于 50mm。两个相邻的固定点之间距离不大于 150mm，以避免在行驶较长时间后损坏。将线束包裹严密以避免雨水等渗入线束，导致腐蚀或短暂中断等风险（图 7-3-20）。

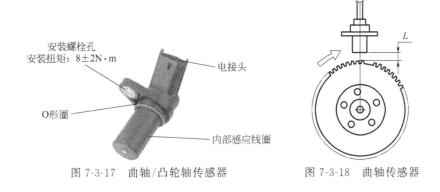

图 7-3-17　曲轴/凸轮轴传感器

图 7-3-18　曲轴传感器

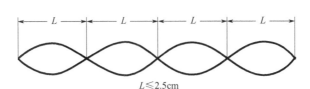

图 7-3-19　最大绞制间距

④ 连接方式。

a.当 DG 用作曲轴传感器时（图 7-3-21），针脚 2 接 ECU2.19，接地；针脚 1 接 ECU2.23，作为信号输出。

b.当 DG 用作凸轮轴传感器时（图 7-3-22），针脚 1 接 ECU2.10，接地；针脚 2 接 ECU2.09，作为信号输出。

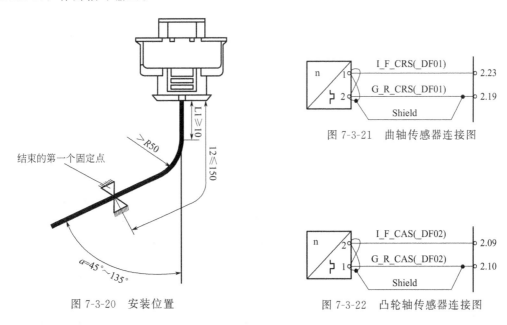

图 7-3-20　安装位置

图 7-3-21　曲轴传感器连接图

图 7-3-22　凸轮轴传感器连接图

⑤ 检测方法。

万用表测电阻：断开所有线束连接，测传感器两针脚间电阻，线圈电阻在 20℃时为（860±86）Ω。

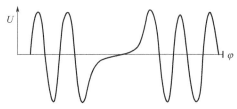

图 7-3-23　曲轴传感器测量信号

示波器测电压波形：让发动机运行，转速须≥50r/min，用示波器测量两针脚输出波形。无论传感器是否连接线束，测量波形都应如图 7-3-23、图 7-3-24 所示。

（3）轨压传感器（RDS）

① 外形结构。轨压传感器如图 7-3-25，安装在油轨的一端。通过硅膜测量轨中瞬间的燃油压力，传感器元件安装在硅膜上，把燃油压力转

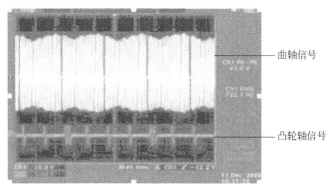

曲轴信号

凸轮轴信号

图 7-3-24　传感器实测信号

化为电压输出。轨压传感器主要是测量共轨管中的燃油压力，最高共轨压力可达 1800bar，能保证油压控制稳定，属于闭环控制。

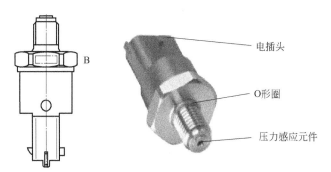

电插头

O形圈

压力感应元件

图 7-3-25　轨压传感器（RDS）

② 工作原理。传感器的核心是钢膜，钢膜表面的 Wheatstone 桥式电路集成了应变元件。当压力产生时，由于应变元件产生应变而使桥式电路的电阻发生改变。通过已建的系统压力而产生的应变，会使桥式电路电阻发生变化，并引起电阻元件组成的 5V 电桥两端的电压发生变化（图 7-3-26）。

桥式电路电压与钢膜所受的压力存在对应关系，并且通过金属导线连接到求值电路，由数字式 ASIC 放大并且被转换成输出信号。输出信号通过线束输送到控制单元，在控制单元内部通过特征曲线计算出压力。RDS 最后输出的为电压信号，其电压值与压力值关系如图 7-3-27 所示。

当轨压为 0 时，传感器输出电压为 0.5V，当达到最大轨压时，传感器输出 4.5V。

③ 连接方式。针脚 1 接 ECU2.12 针脚，接地；针脚 2 接 ECU2.14 针脚，作为信号输出；针脚 3 接 ECU2.13 针脚，ECU 的供电电压 3 对其进行 +5V 供电（图 7-3-28）。

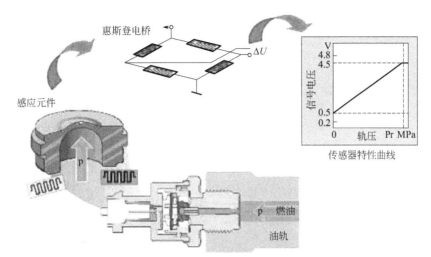

图 7-3-26　轨压传感器工作原理

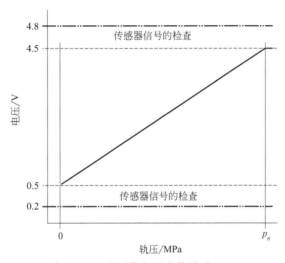

图 7-3-27　电压值与压力值关系（一）

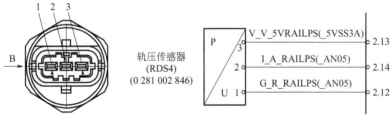

图 7-3-28　RDS 接插头及其针脚连接图

④ 检测方法。断开原线束连接，单独给传感器供 5V 电，并连接地线，测量传感器信号线输出电压在轨压为 0 时是否为 0.5V。做交叉试验（仅建议用整根轨做交叉试验，而非拆下传感器）。

（4）增压压力传感器（BPS）

① 外形结构。增压压力传感器 BPS，其外形如图 7-3-29 所示，一般安装于增压器之后，

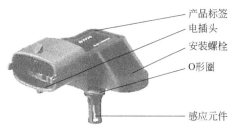

产品标签
电插头
安装螺栓
O形圈

感应元件

图 7-3-29　增压压力传感器外形结构

通过测量进气压力，并经过 ECU 的转换，变成实际的进气量。国内的传感器一般都带有温度传感器。

② 工作原理。BPS 的传感元件由位于膜片表面的压敏电阻及硅膜片组成，当压力作用于压敏电阻上时电阻改变，再经过已设计的电路，使最后传感器输出不同的电压。ECU 再经过预设程序把收到的传感器电压转换成相应压力（图 7-3-30）。

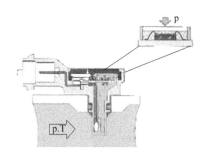
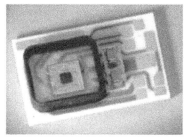

图 7-3-30　BPS 原理示意图

传感器最后输出的为电压信号，其电压值与压力值关系如图 7-3-31 所示。

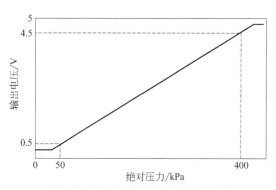

图 7-3-31　电压值与压力值关系（二）

如图示压力大小与电压输出为线性关系。由最小压力对应的电压值与最大压力时所对应的电压值来最终确定此传感器的电压特性。

不同型号的传感器其最大和最小压力不同，它们所对应的电压值与偏差也不同，因此不同型号的压力传感器间禁止互换，如表 7-3-5 所示。

表 7-3-5　不同型号的传感器压力及电压值

博世零件号		压力/kPa			电压/V	
带温度传感器	不带温度传感器	最小值	最大值	偏差	最小值	最大值
0 281 002 514	0 281 002 510	20	250	±2.5	0.4	4.65
0 281 002 437	0 281 002 566	20	300	±3.0	0.4	4.65
0 281 002 456	0 281 002 740	20	350	±3.5	0.5	4.5
0 281 002 576		20	400	±4.2	0.5	4.5

③ 连接方式。针脚 1 接 ECU2.25，接地（图 7-3-32）；针脚 2 接 ECU2.36，接 NTC 热敏电阻；针脚 3 接 ECU2.33，ECU 的供电电压 1 对其进行 +5V 供电；针脚 4 接 ECU2.34，为压力信号输出。

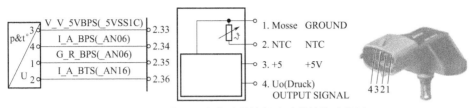

图 7-3-32　增压压力传感器接插头及其针脚连接图

④ 检测方法。断开原线束连接，单独给传感器供 5V 电，并连接地线，测量传感器信号线输出电压是否符合电压特性曲线。做交叉试验。

（5）水温传感器（CTS）

① 外形结构。冷却液温度传感器安装在发动机的出水口上（图 7-3-33）。

② 工作原理。冷却液传感器一般使用负阻系数的温度电阻（NTC），电阻与温度的关系和半导体的测量电阻安装位置图如图 7-3-34 所示。温度传感器的电阻值作为 5V 分压电路的一部分，当外部温度变化时，传感器的电阻值 R 随之发生变化，从而受压电路的电压发生变化，输入 ECU 内部的电压也就不同，在 ECU 内部经过处理，得到正确的温度值。

详细的温度所对应的传感器电阻值如表 7-3-6 所示（应选用最大量程在 10MΩ 以上的检测设备）。

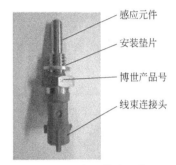

图 7-3-33　水温传感器外形

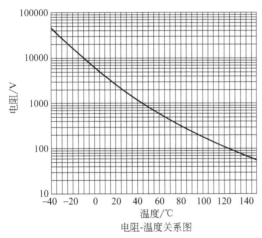

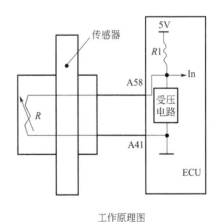

图 7-3-34　水温传感器工作原理

表 7-3-6　温度所对应的传感器电阻值

温度/℃	电阻/Ω	最大电阻/Ω	最小电阻/Ω
−40	15.462	16.827	14.096
0	5.896	6.326	5.466

温度/℃	电阻/Ω	最大电阻/Ω	最小电阻/Ω
20	2.500	2.649	2.351
40	1.175	1.231	1.118

③ 连接方式。针脚 1 接 ECU2.25，接传感器的输出信号（图 7-3-35）；针脚 2 接 ECU2.26，接地。冷却液温度传感器的安装扭矩为 23～25N·m。

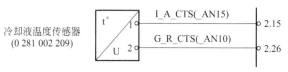

图 7-3-35　针脚连接图

④ 检测方法。电阻测量法：在断开接线的前提下，测量传感器在不同温度（可参考给出的几个温度点）下的电阻值，正常阻值与温度的具体值可参考上述表 7-3-6 在检测相应温度下的电阻值时要把传感器六角环以下部位全部放置到液体中，每次测量前应在液体中放置 10min 以上。

（6）油门踏板传感器（APP）

① 外形结构。博世为客户提供多种样式的油门踏板，如接触式双电位计踏板、霍尔式踏板、怠速开关踏板等。这里以国内柴油系统中最常用的接触式双电位计踏板 APM1（部件号为 0281002687）为例进行说明（图 7-3-36）。

② 工作原理。博世接触式双电位计踏板采用两独立的电路（P1、P2）对信号进行处理，P1、P2 有独立的供电、接地和信号输出，其内部简易电路图如图 7-3-37 所示。当驾驶者踩下油门时改变图中变阻器 $R1$ 和 $R2$ 的电阻分配，从而使踏板的 4 号脚和 6 号脚输出给 ECU 的电压产生变化，使 ECU 感知驾驶者需求。

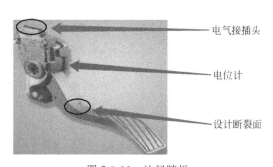

图 7-3-36　油门踏板

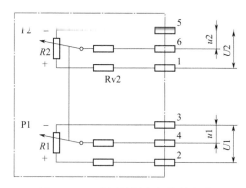

图 7-3-37　油门踏板内部简易电路

$R1$—1.2kΩ±0.4kΩ；$R2$—1.7kΩ±0.8kΩ；$U1$—踏板 1 的供电；$U2$—踏板 2 的供电；$u1$—踏板 1 输出电压；$u2$—踏板 2 输出电压

如图 7-3-38 所示为油门开度与电压输出（$u1$ 和 $u2$）关系。正常工作条件下 $u1=2×u2$（偏差由踏板本身特性及标定决定）。

③ 连接方式。如图 7-3-39 所示为 APM 的针脚定义以及踏板和 ECU 的电路连接图。针脚 2 接 ECU 针脚 K45，为 ECU 供电电压 1（$U1=5V$）。针脚 1 接 ECU 针脚 K46，为 ECU

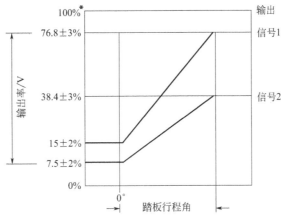

图 7-3-38 油门开度与电压输出（u1 和 u2）关系

＊100％电压输出代表电压为 5V

供电电压 2（U2＝5V）。针脚 3 接 ECU 针脚 K30，接地。针脚 5 接 ECU 针脚 K08，接地。针脚 4 接 ECU 针脚 K09，踏板信号 1 的输出（u1）。针脚 6 接 ECU 针脚 K31，踏板信号 2 的输出（u2）。

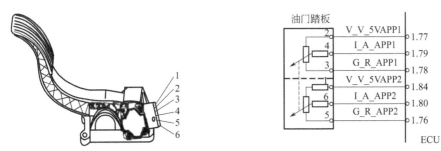

图 7-3-39　油门踏板电路图

④ 检测方法。断开所有连接，测量针脚 2 和 3 之间的电阻，正常为（1.2±0.4）kΩ。给针脚 1 和 2 提供 5V 电压，针脚 3 和 5 接地，测量针脚 4 和 6 的电压 u1 和 u2，正常情况下 u1 为 0.4V，u2＝u1/2；当踩下踏板，u1 和 u2 的电压变化见踏板特性曲线，开度越大电压越大，踩踏板越快，电压上升越快。

确保整车线路连接完好，钥匙开关上电后连接诊断仪测数据流，当未踩油门时读出踏板开度为 0，当油门踩到底时踏板开度为 100％。

7.4
电控高压共轨燃油系统常用控制策略和失效策略

7.4.1　ECU 功能

（1）喷油方式控制　高达 4 次喷射（现只用 2 次）。

（2）喷油量控制　预喷油量自学习控制；减速断油控制。

（3）喷油正时控制　分为主喷正时，预喷正时，和正时补偿。

（4）轨压控制　正常和快速轨压控制；轨压建立和超压保护；喷油器泄压控制；轨压

Limphome 控制。

（5）扭矩控制　瞬态扭矩；加速扭矩；低速扭矩补偿；最大扭矩控制；瞬态冒烟控制；增压器保护控制。

（6）过热保护。

（7）各缸平衡控制。

（8）EGR 控制。

（9）VGT 控制。

（10）辅助启动控制（电机和预热塞）。

（11）系统状态管理。

（12）电源管理。

（13）故障诊断。

（14）挡位计算　可根据车速和发动机转速计算挡位，用于挂挡急速控制，改善驾驶性。

（15）车速计算及输出　供仪表和最高车速限制使用。

（16）急速和驱动急速控制　挂挡时发动机负载加大，采用驱动急速控制可以实现分挡控制，此时 PID 参数和指令急速转速均发生变化。

（17）巡航控制　暂时不用。

（18）防抖（ASD）控制　用于改善车辆在挂挡起步、急加速和急减速过程的平顺性。

（19）空调控制　可根据空调负载调节发动机急速转速，根据车辆对动力性的需求和发动机的工作状况对空调压缩机进行开/关控制。

（20）风扇控制　电风扇驱动控制。

（21）故障诊断　在线诊断并存储/输出故障码，具有 Limp-home 功能。

（22）CAN 通信　整车其他控制器和仪表之间的通信。

（23）离合器开关　改善驾驶性。

（24）制动开关　油门合理性判断；巡航控制关键使能条件。

7.4.2　启动过程描述

（1）喷油器开始喷油的必要条件

① 共轨压力超过最小设定值（＞200bar）。

② 同步信号正常：

传感器信号≥触发阈值（与空气间隙和转速有关）；相位正确。

③ 判缸过程。ECU 根据电控柴油机曲轴信号盘与凸轮轴信号盘的相位关系判断柴油机运行的角度相位（也称判缸）并计算柴油机转速，仅在判缸成功后才能开始喷油（电喷发动机启动不一定比常规发动机快）。

a. 正常模式（曲轴/凸轮轴传感器均正常）。在启动过程中，曲轴信号与凸轮轴信号均正常时，ECU 结合曲轴缺齿判断与凸轮轴多齿判断进行判缸。判缸过程迅速、可靠。

b. 后备模式 1（仅有凸轮轴传感器）。在启动过程中，仅有凸轮轴信号时，ECU 通过检测判缸齿（第一缸前的多余齿）确定当前柴油机的正确相位，从而按照正确的喷油时序喷射。

c. 后备模式 2（仅有曲轴传感器）在启动过程中，仅有曲轴信号时，当 ECU 检测到一个缺齿时，猜测柴油机此时处于第一缸上止点前，按照此假定的角度相位，以"1-5-3-6-2-4"的喷油时序持续一定次数的喷射，当发动机转速超过一定阈值，可以判断此相位正确，从而判缸成功；若没有转速升高的着火迹象，则重新假定一相位喷油以判缸。

7.4.3 失效策略

什么叫失效策略？失效策略是电控系统故障状态下的运行策略。

失效策略的分级：一级，缺省值；二级，减扭矩；三级，Limphome（跛行回家）；四级，停机。

（1）Limphome 失效策略 当发动机处于以下几种情况的时候，控制策略将进入 Limphome 状态。

① 曲轴传感器损坏或信号线路开路、短路。

② 凸轮相位传感器损坏或信号线路开路、短路。

③ 共轨油压传感器损坏或信号线路开路、短路。

④ 高压油泵燃油量计量阀（MeUN 或 MeteringUnit）损坏或驱动线路开路、短路。

⑤ 电子油门传感器损坏或信号线路开路、短路。

（2）曲轴或凸轮轴传感器失效策略

① 进入条件。ECU 判断曲轴或凸轮轴传感器信号故障。传感器损坏，信号线损坏（开路或短路）。

② ECU 处理措施。点亮故障灯；产生故障码 P0008、P0340、P0341、P0335、P0336。发动机依靠单传感器继续工作，对动力性能没有明显影响。启动时间可能会较正常状况稍长。油门感觉正常。运行没有明显影响，但油耗和排放可能会变差。

（3）油轨压力传感器失效策略

① 进入条件。ECU 判断轨压传感器信号失效。轨压传感器本身损坏，信号线损坏（开路或短路）。

② ECU 处理措施。点亮故障灯，产生故障码 P0193、P0192。控制器将加大高压泵的供油量。燃油压力超高、泄压阀被冲开，实际轨压维持在 700～760bar 范围内（诊断仪读数720bar 左右）。限制发动机转速（小于 1700r/min，通过控制喷油量实现）。在限制范围内，油门仍然起作用。

关闭点火开关后，燃油压力泄放阀关闭，恢复正常。

如发动机启动过程已进入此策略，仍能启动没有明显感觉。

（4）燃油计量阀失效策略

① 进入条件。ECU 判断 MeUN 驱动失效。MeUN 损坏驱动线路的开路/短路引起ECU 处理措施点亮故障灯产生故障码 P0251、P0252、P0253、P0254、P025C、P025D。

② ECU 处理措施。控制器将加大高压泵的供油量燃油压力超高、泄压阀被冲开，诊断仪显示轨压位于 700～760bar 范围，随转速升高而增大限制发动机转速（小于 1700r/min，通过控制喷油量实现）。在限制范围内，油门仍然起作用其他。关闭点火开关后，燃油压力泄放阀关闭，恢复正常。

如发动机启动过程已进入此策略，仍能起动没有明显感觉。

（5）减扭矩失效策略

① 进入条件。环境空气压力传感器损坏或信号线路开路、短路。增压压力/温度传感器损坏或信号线路开路、短路。轨压传感器信号飘移。油轨压力闭环控制故障。传感器参考电压故障。

② ECU 处理措施。点亮故障灯，产生相应故障码。在限制范围内，油门仍然起作用。外特性油量会减小一定百分比（目前标定为×80%）。转速限制小于 1700r/min。

（6）电子油门失效策略

① 进入条件。ECU 判断电子油门信号错误。油门接插件脱落。两路油门信号中任一路

出现故障。两路油门信号不一致。油门开度与刹车踏板逻辑关系错误。

② ECU 处理措施。点亮故障灯，产生故障码 P0123、P0122、P2135、P0222、P0223、P2299。油门失效。发动机启动后（及随后的运行过程），维持 Limphome 转速（1100r/min）。

（7）水温的热保护功能

① 进入条件。ECU 判断水温信号错误。水温传感器损坏。水温传感器信号线损坏（开路或短路）。

② ECU 处理措施。点亮故障灯。产生故障码 P0116、P0117、P0118。发动机采用缺省水温 100℃（依据不同机型略有区别）。外特性油量会减小 40%（依据不同机型略有区别）。在限制范围内，油门仍然起作用。

（8）停机保护失效策略

① 进入条件。ECU 判断出现下述故障：控制器模数转换功能错误，油轨压力持续超高（例如持续 2s 超过 1600bar）。

② ECU 处理措施。点亮故障灯，产生相关故障码。发动机停机。故障状态下无法再次启动。

（9）热保护功能

① 热保护的必要性。防止水温过高对发动机的损害；防止进气温度过高对发动机的损害；防止温度过高对喷油系统的损害。

② 导致水温过高可能的原因。散热器阻塞；冷却液泄漏；水泵、风扇、节温器等故障。

③ 整车匹配不合理。热保护的种类；高水温保护；高进气温度保护。

（10）热保护标定脉谱（图 7-4-1）　热保护策略：限制喷油量，降低功率。

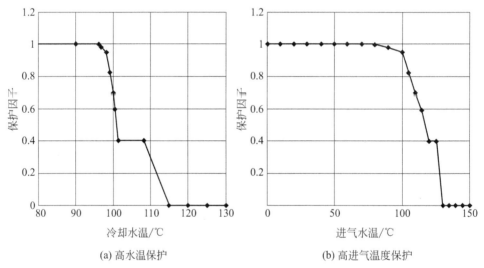

(a) 高水温保护　　　　　　　(b) 高进气温度保护

图 7-4-1　热保护标定脉谱

（11）怠速控制

① 怠速控制过程。计算目标怠速；进行闭环控制以满足目标怠速。

② 目标怠速的影响因素——指怠速转速高低随什么而变。冷却水温；蓄电池电压；空调应用情况；车速的大小（车辆起步的时候提升 50r/min，各挡怠速可能不同）。

③ 怠速闭环参数的影响因素。冷却水温；负荷的大小；挡位信号；刹车信号（点动刹车）。

7.5
故障诊断

7.5.1 电喷系统自诊断

控制器（ECU）具有故障自诊断的功能，一旦 ECU 检测出电喷系统故障，将产生对应的故障码并存入内存。依照故障的严重等级，自动进入不同的失效保护策略。大部分情况下，失效保护策略仍能保持发动机以降低功率的方式继续工作。少数极其严重的故障，失效保护策略会停止喷油。

故障码读取：通过故障检测仪读取。

故障码清除：对故障维修后，连续 40 暖机循环没有出现故障，自动清除。如果驾驶者无法排除故障，请尽快通知专业人员进行检测。

7.5.2 故障码编码规则

故障码编码规则按照 SAE（美国汽车工程协会）规范执行，例如：P0112 代表进气温度传感器信号故障（图 7-5-1）。

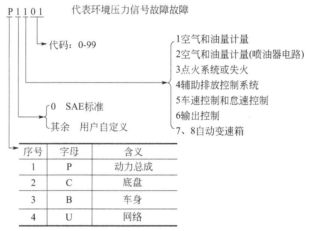

图 7-5-1 故障码编码规则

7.5.3 ECU 故障码（表 7-5-1）

表 7-5-1 ECU 故障码

序号	故障代码	故障闪码	故障码解释
1	P2519	11	空调压缩机驱动电路故障
2	P2519	12	空调压缩机请求开关信号故障
3	P2299	13	油门与制动踏板信号逻辑不合理
4	P060B	14	控制器模/数(A/D)转换不正确
5	P0113/P0112	15	进气温度传感器信号范围故障(高/低)

序号	故障代码	故障闪码	故障码解释
6	P0101	16	进气质量流量信号飘移
7	P0103/P0102	21	进气质量流量信号不合理(高/低)
8	P0103/P0102	22	进气质量流量信号范围故障(高/低)
9	P401	23	废气再循环控制偏差超过低限值
10	P402	24	废气再循环控制偏差超过高限值
11	P1020/P1021	25	电压信号变动范围故障—进气预热开关接合范围故障—进气预热开关接合
12	P1022/P1023	26	电压信号变动范围故障—进气预热开关断开(高限/低限)
13	P0540	31	进气预热执行器黏滞(永久结合)
14	P0123/P0122/P2135	32	第一路油门信号范围故障(高限/低限/相关性)
15	P0223/P0222/P2135	33	第二路油门信号范围故障(高限/低限/相关性)
16	P2229/P2228/P0000/P2227	34	环境压力传感器信号范围故障 高限/低限/CAN信息/与增压压力不合理
17	P0542/P0541	35	进气加热执行器驱动电路故障(对电源短路/对地短路)
18	P0649	36	最大车速调节指示灯电路故障(开路/短路)
19	P0563/P0562	41	蓄电池电压信号范围故障(高限/低限)
20	P1000/P1001/P1002	42	增压压力调节器模/数转换模块故障(信号高限/低限/错误)
21	P0048	43	增压压力调节器驱动电路对电源短路
22	P0047	44	增压压力调节器驱动电路对地短路
23	P0045/P0046	45	增压压力调节器驱动电路开路/对接短路
24	P0235/P0236/P0237/P0238	46	增压压力传感器信号故障(CAN信号/不合理/低限/高限)
25	P0571/P0504	51	制动踏板信号故障(失效/不合理)
26	P022A/P022B/P022C	52	中冷旁通阀驱动电路故障(对电源短路/对地短路/开路)
27	P0116	53	冷却水温信号动态测试不合理
28	P0116	54	冷却水温信号绝对测试不合理
29	P2556/P2557/P2558/P2559	55	冷却液位传感器信号范围故障(高限/低限/开路/不合理)
30	P0301	56	第1缸失火频率超高
31	P0302	61	第2缸失火频率超高
32	P0303	62	第3缸失火频率超高
33	P0304	63	第4缸失火频率超高
34	P0305	64	第5缸失火频率超高
35	P0306	65	第6缸失火频率超高
36	P0300	66	多缸失火频率超高
37	P161F	111	压缩测试试验报告故障
38	P0704	112	离合器开关信号故障
39	P0856	113	牵引力控制系统的输出扭矩干涉超过上限
40	P0079/P0080/P1633/P1634	114	减压阀驱动线路故障(对电源短路/对地短路/开路/对接短路)

序号	故障代码	故障闪码	故障码解释
41	P1635/P1636/P1637/P1638	115	冷启动指示灯线路故障(对电源短路/对地短路/开路/对接短路)
42	P0115/P0116/P0117/P0118	116	冷却水温传感器信号范围故障(CAN信号/不合理/低限/高限)
43	P0217	121	冷却水温超高故障
44	P0071/P0072/P0073	122	环境温度传感器信号故障(CAN信号/低限/高限)
45	P245A/P245C/P245D	131	EGR旁通阀驱动电路故障(开路/对地短路/对电源短路)
46	P2530	132	发动机舱启动开关信号故障
47	P0470/P0472/P0473	133	排气背压传感器信号范围故障(不合理/低限/高限)
48	P0490	134	EGR(废气再循环)驱动对电源短路
49	P0489	135	EGR驱动电路对地短路
50	P0403/P0404	136	EGR驱动电路开路/对接短路
51	P0008	141	仅采用凸轮相位传感器信号运行
52	P0340/P0341	142	凸轮信号故障(丢失/错误)
53	P0335/P0336	143	曲轴转速信号故障(丢失/错误)
54	P0016	144	凸轮相位/曲轴转速信号不同步
55	P0219	145	发动机超速
56	P0478	146	排气制动驱动线路对电源短路故障
57	P0477	151	排气制动驱动线路开路故障
58	P0476	152	排气制动驱动线路对地短路故障
59	P480/P483/P691/P692	153	风扇驱动线路故障(对电源短路/对地短路/开路/对接短路)
60	P0694/P0693	154	风扇驱动2线路故障
61	P0526/P0527	155	风扇转速传感器信号故障(对电源短路/对地短路)
62	P1015	156	燃油滤清器脏污开关指示信号—超高
63	P1016	161	燃油滤清器脏污开关指示信号—超低
64	P1017	162	燃油滤清器脏污开关指示信号—不合理
65	P1008/P1009	163	燃油滤清器加热驱动线路故障(对电源短路/对地短路)
66	P2267	164	油水分离开关指示信号超上限
67	P2266	165	油水分离开关指示信号超下限
68	P1018	166	燃油滤清器脏污
69	P2269	211	油中含水指示信号
70	P1007	212	油量—扭矩转换趋势错误
71	P0405/P0406/P0409	213	CAN网络上得到的EGR流量信号不正确(对电源短路/对地短路/丢失)
72	P040A/P040B/P040C/P040D	214	CAN网络上得到的EGR温度信号不正确(对电源短路/对地短路/开路/失效)
73	UC158	215	仪表板信息故障
74	P0000	216	CAN网络上得到的电控制动信号不正确
75	UC113	221	CAN网络上得到的EGR率信号不正确

序号	故障代码	故障闪码	故障码解释
76	UD100	222	CAN 网络上得到的缓速器信号不正确
77	UC103	223	CAN 网络上得到的自动变速箱信号不正确
78	UD114	234	CAN 网络上的时间/日期信息不正确
79	UD104/UD105	235	CAN 网络上的制动系统控制—速度限制信息不正确(激活/不激活)
80	UD106/UD107	236	CAN 网络上的制动系统控制—扭矩限制信息不正确(激活/不激活)
81	UD10A/UD10B	242	CAN 网络上的缓速器控制—扭矩限制信息不正确(激活/不激活)
82	UD10C/UD10D	243	CAN 网络上的动力输出信息不正确(激活/不激活)
83	UD10E/UD10F	244	CAN 网络上的变速箱控制—速度限制信息不正确(激活/不激活)
84	UD13A/UD13B	245	CAN 网络上的变速箱控制—扭矩限制信息不正确(激活/不激活)
85	UD110/UD111	246	CAN 网络上的车身控制—速度限制信息不正确(激活/不激活)
86	UD112/UD113	251	CAN 网络上的车身控制—扭矩限制信息不正确(激活/不激活)
87	UD115	252	CAN 网络上的轮速信息不正确
88	UC001	253	CAN 网络上周期性发出不正确信号
89	P0182/P0183	254	燃油温度传感器信号范围故障(低限/高限)
90	P1623/P1624/P1625/P1626	256	指示灯 1 驱动线路故障(对电源短路/对地短路/开路/对接短路)
91	P1627/P1628/P1629/P162A	261	指示灯 2 驱动线路故障(对电源短路/对地短路/开路/对接短路)
92	P162B/P162C/P162D/P162E	262	指示灯 3 驱动线路故障
93	P160C	263	高压试验报告故障
94	P060A	264	通信模块受到干扰
95	P062F	265	电可擦除存储器出错
96	P0607	266	控制器硬件恢复功能被锁
97	P150B/P150C	315	空气湿度传感器信号范围错误
98	P0097/P0098/P0099	316	空气温度传感器信号错误(低限/高限/CAN 信息错误)
99	P1300/P1301/P1302	321	燃油喷射功能受到限制
100	P1203/P1204	322	喷油器驱动线路故障—组 1 短路,低端对地短路
101	P1209	323	喷油器驱动线路故障—组 1 开路
102	P120B/P120C	324	喷油器驱动线路故障—组 2 短路,低端对地短路
103	P1211	325	喷油器驱动线路故障—组 2 开路
104	P062B	326	喷油器驱动芯片故障模式 A
105	P062B	331	喷油器驱动芯片故障模式 B
106	P0261/P0262	332	喷油器 1 驱动线路故障—短路(低端对电源/对接)
107	P0201	333	喷油器 1 驱动线路故障—开路
108	P0264/P0265	334	喷油器 2 驱动线路故障—短路(低端对电源/对接)
109	P0202	335	喷油器 2 驱动线路故障—开路
110	P0267/P0268	336	喷油器 3 驱动线路故障—短路(低端对电源/对接)

序号	故障代码	故障闪码	故障码解释
111	P0203	341	喷油器3驱动线路故障—开路
112	P0270/P0271	342	喷油器4驱动线路故障—短路(低端对电源/对接)
113	P0204	343	喷油器4驱动线路故障—开路
114	P0273/P0274	344	喷油器5驱动线路故障—短路(低端对电源/对接)
115	P0205	345	喷油器5驱动线路故障—开路
116	P0276/P0277	346	喷油器6驱动线路故障—短路(低端对电源/对接)
117	P0206	351	喷油器6驱动线路故障—开路
118	P1225	352	多缸喷油系统出现故障
119	P025C/P025D	353	燃油计量阀信号范围故障(高限/低限)
120	P0251/P0252	354	燃油计量阀输出开路(开路/短路)
121	P0254	355	燃油计量阀输出对电源短路
122	P0253	356	燃油计量阀输出对地短路
123	P0564	361	巡航控制错误
124	P0650	362	MIL驱动线路故障
125	P160E	363	主继电器线路故障—对电源短路
126	P160F	364	主继电器线路故障—对地短路
127	P060C	365	硬件故障导致停机—监视狗或控制器
128	P0686/P0687	366	主继电器线路故障(对电源短路/对地短路)
129	P154A/P154B/P154C	411	多状态开关电路故障
130	UC029	412	CANABUSOFF
131	UC038	413	CANBBUSOFF
132	UC047	414	CANCBUSOFF
133	P250A/P250B/P250C/P250D	415	机油液位传感器信号范围故障
134	P250A/P250BP250C P250D	421	机油压力传感器信号范围故障(CAN信号错误/不合理/低限/高限)
135	P0524	422	机油压力过低故障
136	P195/P197/P198P100D	423	机油温度传感器信号范围故障(CAN信号错误/不合理/低限/高限)
137	P0196	424	机油温度不合理故障
138	P2263	432	轨压控制偏差超过上限
139	P2263	433	轨压控制偏差超过下限
140	P1010/P100E/P100F	434	压力泄放阀驱动故障(无法打开/永久开/被冲开)
141	P0192/P0193	441	轨压传感器信号范围故障(低限/高限)
142	P0191	442	轨压传感器信号飘移故障
143	P1011	443	轨压控制偏差故障—模式0
144	P1012	444	轨压控制偏差故障—模式1
145	P1018	445	轨压控制偏差故障—模式10

序号	故障代码	故障闪码	故障码解释
146	P1019	451	轨压控制偏差故障—模式12
147	P1013	452	轨压控制偏差故障—模式2
148	P0087	453	轨压控制偏差故障—模式3
149	P0088	454	轨压控制偏差故障—模式4
150	P101A	455	轨压控制偏差故障—模式6
151	P1014	511	轨压控制偏差故障—模式7
152	P1615	512	加速测试报告故障
153	P1621	513	断缸测试报告故障
154	P1616/P1617/P1618	514	冗余断缸测试报告故障
155	P0642/P0643	515	参考电压1(用于增压压力及温度传感器等)故障(高限/低限)
156	P1636/P1637	521	12V传感器参考电压故障(高限/低限)
157	P0652/P0653	522	参考电压2(用于油门等传感器)故障(高限/低限)
158	P0698/P0699	523	参考电压3(用于油轨压力传感器等)故障(高限/低限)
159	P0616/P0617	525	启动电机开关故障—低边
160	P1619/P161A/P161B/P161C	531	系统灯驱动线路故障(对电源短路/对地短路/开路/对接短路)
161	P2533	532	点火开关信号故障
162	P2530	533	启动电机信号故障
163	P0607	534	控制器计时模块故障
164	P2142	535	进气节流阀驱动电路故障—对电源短路
165	P2141	541	进气节流阀驱动电路故障—对地短路
166	P0487/P0488	542	进气节流阀驱动电路故障—开路
167	P0501/P1510/P0500/P0501	544	车速信号故障1(超速/信号错误/不合理)
168	P2157/P2158/P2159/P2160	545	车速信号故障2-超范围(信号高限/低限/CAN信号错误/信号不合理)
169	P1511/P1512/P1513	551	车速信号故障3脉宽故障(脉宽超高限/低限/频率错误)
170	P0607	552	通信模块故障
171	P162F/P1630/P1631/P1632	553	警告灯驱动线路故障(对电源短路/对地短路/开路/对地短路)

7.6
常见故障检修（表 7-6-1~ 表 7-6-9）

表 7-6-1　无法启动、难以启动、运行熄火

故障可能原因及常见表现	维修建议
电喷系统无法上电； 通电自检时故障指示灯不亮； 诊断仪无法连通； 油门接插件没有5V参考电压	检查电喷系统线束及保险,特别是点火开关方面

故障可能原因及常见表现	维修建议
蓄电池电压不足； 万用表或诊断仪显示电压偏低； 启动机拖转无力； 大灯昏暗	更换蓄电池或充电
无法建立工作时序； 诊断仪显示同步信号故障； 示波器显示曲轴/凸轮轴工作相位错误	①检查曲轴/凸轮轴信号传感器是否完好无损 ②检查其接插件和导线是否完好无损 ③检查曲轴信号盘是否损坏/脏污附着(通过传感器信号孔) ④检查凸轮信号盘是否损坏/脏污附着(通过传感器信号孔)； ⑤检查曲轴信号传感器以及凸轮相位传感器接线是否完好无损 ⑥如果维修时进行过信号盘等组件的拆装,检查相位是否正确
高压泵供油能力不足； 诊断仪显示轨压偏小	检查高压油泵是否能够提供足够的油轨压力； 检查燃油计量阀是否损坏
轨压持续超高； 诊断仪显示轨压持续 2s 高于 1600bar	检查燃油计量阀是否损坏 燃油压力泄放阀卡滞
机械组件故障(参照机械维修经验)； 如油路不畅/油路有气/输油泵进口压力不足；启动电机损坏； 阻力过大,缺机油或者未置空挡； 进排气门调整错误等	检查燃油/机油路 检查进/排气路 检查滤清器是否阻塞等

表 7-6-2　跛行回家模式（故障指示灯亮）

故障可能原因及常见表现	维修建议
仅靠曲轴信号运行；诊断仪显示凸轮信号丢失；对启动时间的影响不明显	①检查凸轮传感器信号线路 ②检查凸轮传感器是否损坏
仅靠凸轮信号运行；诊断仪显示曲轴信号丢失；启动时间较长(例如 4s 左右),或者难以启动	①检查曲轴传感器信号线路 ②检查曲轴传感器是否损坏

表 7-6-3　油门失效且发动机无怠速（转速维持在 1100r/min 左右）

故障可能原因及常见表现	维修建议
油门故障；急速升高至 1100r/min,油门失效；诊断仪显示第一/二路油门信号故障；诊断仪显示两路油门信号不一致；诊断仪显示油门卡滞	①检查油门线路(含接插件)是否损坏/开路/短路 ②检查油门电阻特性

表 7-6-4　热保护引起功率/扭矩不足,转速不受限

故障可能原因及常见表现	维修建议
①水温度过高导致热保护 ②进气温度过高导致热保护 ③燃油温度传感器/驱动线路故障 ④进气温度传感器/驱动线路故障 ⑤水温传感器/驱动线路故障	①检查发动机冷却系 ②检查发动机供油系 ③检查发动机气路 ④检查水温传感器本身或信号线路是否损坏 ⑤检查气温传感器本身或信号线路是否损坏

表 7-6-5 电控系统进入失效模式后导致功率/扭矩不足

故障可能原因及常见表现	维修建议
①轨压传感器损坏或线路故障 ②MeUN 驱动故障,阀损坏或线路故障 ③诊断仪显示油门无法达到全开等 ④高原修正导致 ⑤油轨压力传感器信号飘移 ⑥高压油泵闭环控制类故障 ⑦增压压力传感器损坏或线路故障	①诊断仪显示轨压位于 700～760bar 左右,随转速升高而升高,则可能燃油计量阀/驱动线路损坏 ②诊断仪显示轨压固定于 777bar,可能为轨压 ③发动机最高转速被限制在 1600～1700r/min 左右;传感器或线路坏 ④回油管温度明显升高 ⑤油轨压力信号漂移,检查物理特性,更换 ⑥高压油泵闭环控制类故障,首先检查高压油路是否异常,否则更换高压泵 ⑦上述①②⑤⑥⑦问题导致转速受限

表 7-6-6 机械系统原因导致功率/扭矩不足

故障可能原因及常见表现	维修建议
①进排气路阻塞,冒烟限制起作用 ②增压后管路泄漏,冒烟限制起作用 ③增压器损坏(例如旁通阀常开) ④进排气门调整错误 ⑤油路阻塞/泄漏 ⑥低压油路:有空气或压力不足 ⑦机械阻力过大 ⑧喷油器雾化不良,卡滞等 ⑨其余机械原因	①检查高压/低压燃油管路 ②检查进排气系统 ③检查喷油器 ④参照机械维修经验进行

表 7-6-7 运行不稳,怠速不稳

故障可能原因及常见表现	维修建议
信号同步间歇错误: 诊断仪显示同步信号出现偶发故障	①检查曲轴/凸轮轴信号线路 ②检查曲轴/凸轮传感器间隙 ③检查曲轴/凸轮信号盘
喷油器驱动故障: 诊断仪显示喷油器驱动线路出现偶发故障(开路/短路等)	检查喷油器驱动线路
油门信号波动: 诊断仪显示松开油门后仍有开度信号 诊断仪显示固定油门位置后油门信号波动	①检查油门信号线路是否进水或磨损导致油门开度信号飘移 ②更换油门
机械方面故障: 进气管路/进排气门泄漏 低压油路阻塞/油路进气 缺机油等导致阻力过大 喷油器积炭、磨损等	参照机械维修经验进行

表 7-6-8 冒黑烟

故障可能原因及常见表现	维修建议
喷油器雾化不良、滴油等 诊断仪显示怠速油量增大 诊断仪显示怠速转速波动	①根据机械经验进行判断,例如断缸法等 ②确认后拆检

故障可能原因及常见表现	维修建议
油轨压力信号飘移(实际＞检测值) 诊断仪显示相关故障码	更换传感器/轨
机械方面故障,例如气门漏气,进排气门调整错误等 诊断仪显示压缩测试结果不好	参照机械维修经验进行

表 7-6-9　加速性能差

故障可能原因及常见表现	维修建议
前述各种电喷系统故障原因导致扭 矩受到限制 诊断仪显示相关故障码	按故障代码提示进行维修
负载过大 各种附件的损坏导致阻力增大 缺机油/机油变质/组件磨损严重 排气制动系统故障导致排气受阻	检查风扇等附件的转动是否受阻 检查机油情况 检查排气制动
喷油器机械故障:积炭/针阀卡滞/喷油器体开裂/安装 不当导致变形	拆检并更换喷油器
进气管路泄漏 油路进气	拧紧松脱管路 排除油路中空气
油门信号错误:诊断仪显示油门踩到底时开度达不 到 100%	检查线路 更换油门

第8章

博世（Bosch）
SCR系统（国Ⅳ）

8.1
SCR 系统简介

8.1.1　两种技术路线的实现国 4 的原理

① EGR+DPF(CRT) 技术。将发动机排出的废气引入进气管，降低发动机进气的氧气浓度，从而降低缸内燃烧温度，同时用颗粒捕捉器过滤掉发动机排气中的颗粒物，降低 NO_x 排放。

② SCR 技术。将添蓝（浓度 32.5% 的尿素水溶液，纯净度极高，杂质含量标准专门规定）喷入发动机排气管，尿素受热水解成氨气，氨气和 NO_x 在催化器的作用下反应生成无毒的氮气和水。该技术路线是用改进燃烧的方法，使发动机燃烧更高效更彻底，使颗粒排放降低到法规限值以内，然后用 SCR 后处理系统处理掉排气中的 NO_x。

8.1.2　技术路线对比（表 8-1-1）

表 8-1-1　两种技术路线对比

技术路线	SCR	EGR+DPF(CRT)
优点	最高功率较高 低发热量 发动机结构简单 改善燃油经济性 延长保养周期 油品不敏感	发动机自成一体 无车载反应装置 整车容易布置
缺点	AdBlue 的成本 系统的成本较高 整车布置空间需要较大	EGR 增加发动机成本 燃油经济性降低 最高功率的限制 高发热量(较欧三提高 25%) 满足欧Ⅳ需要颗粒过滤器 油品敏感

8.1.3 技术路线的深入比较（表 8-1-2）

表 8-1-2 两种技术路线的深入比较

序号	项目	EGR+PDF(CRT)	SCR
1	燃油喷射系统	电控喷射最高喷射压力 1800bar	电控喷射最高喷射压力 1600bar
2	发动机强度	需高强度结构,最大气缸压力 180bar	最大气缸压力 160bar
3	增压系统	需高增压系统补偿 EGR 造成的功率损失,到欧V甚至要两级增压	到欧V与欧Ⅲ同样的增压系统
4	冷却系统	需加大冷却系统散热能力	不需要
5	润滑系统	缸套摩擦副需重新设计需用 HI-4 级润滑油	只需用 CF-4 级润滑油
6	燃油消耗率	相对 SCR 油耗高 10% 左右	相对欧Ⅲ省油 5% 左右
7	还原剂	不需要	需要尿素水溶液

8.1.4 SCR 技术的优点

SCR 技术的优点有以下几点。

① 降低排放和降低油耗之间无直接矛盾。

② 比欧Ⅲ发动机降低油耗 5% 以上。

③ NO_2 的比例最低。

④ SCR 催化器是排气后处理系统中最可靠的系统（对硫相对不敏感）。

⑤ 可以使欧Ⅲ/Ⅳ/Ⅴ同发动机平台。

⑥ 对整车的冷却系统没有额外的负担。

⑦ 对机油性能没有特殊的要求。

欧洲商用车生产企业绝大多数使用该技术，奔驰、宝马公司乘用车上也使用该技术，美国政府对该技术也表现出浓厚的兴趣，SCR 成为满足未来严格排放标准的国际潮流。

玉柴在 2004 年选择了 SCR 作为国Ⅳ技术路线，成为国内引领国Ⅳ、国Ⅴ低排放环保动力技术潮流的发动机生产厂家。

8.1.5 玉柴 SCR 系统国Ⅳ柴油机开发

（1）优化燃油喷射系统　使用电控燃油喷射系统；减小喷孔直径，提高喷射压力；加大供有提前角。

（2）降低机油消耗率　在欧Ⅲ机基础上，精心优化活塞、活塞环、气缸套摩擦副，进一步降低机油耗。机油消耗率降低 30%，达到 0.15g/kWh。

（3）SCR 催化还原　SCR 系统目前采用的还原剂是尿素。尿素 NH_2CONH_2 加 H_2O 后在高温下分解成 NH_3 和 CO_2，即：

$$NH_2CONH_2 + H_2O \longrightarrow 2NH_3 + CO_2$$

在 SCR 催化器中 NH_3 和排气中的 NO 和 NO_2 反应产生氮气和水：

$$NO + NO_2 + 2NH_3 \longrightarrow 2N_2 + 3H_2O$$

$$4NO + O_2 + 4NH_3 \longrightarrow 4N_2 + 6H_2O$$

$$2NO_2 + O_2 + 4NH_3 \longrightarrow 3N_2 + 6H_2O$$

为防止发动机整个使用寿命过程中氨气的泄漏，SCR 催化器后设有氨催化器，在这个催化器中 NH_3 与 O_2 反应生成氮气和水：$4NH_3 + 3O_2 \longrightarrow 2N_2 + 6H_2O$。

（4）SCR 催化系统的原理（图 8-1-1）

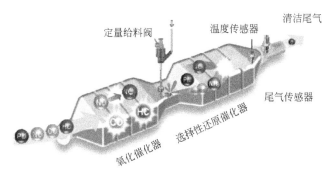

图 8-1-1　SCR 催化系统的原理

8.2
SCR 系统组成及工作原理

8.2.1　SCR 系统零部件（图 8-2-1）

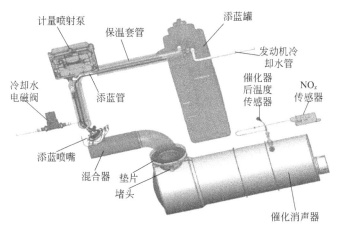

图 8-2-1　SCR 系统零部件

8.2.2　添蓝泵总成（集成控制器）

（1）添蓝泵总成（集成控制器）结构（图 8-2-2）

（2）添蓝泵的技术参数　无空气辅助；泵的工作流量范围为 5～20kg/h；泵的出口压力范围为 4.8～5.5bar；内部集成化冰功能。允许的添蓝液体温度范围：－5～70℃。正常工作的环境温度范围－30～80℃。最大许用海拔高度 3600m。内置添蓝过滤器。

（3）添蓝泵内部过滤器的技术参数

① 预滤器。滤网尺寸为 100μm；更换里程为 15000km 或 2 年。

② 主滤器。滤网尺寸为 10μm；更换里程为 15000km 或 2 年。

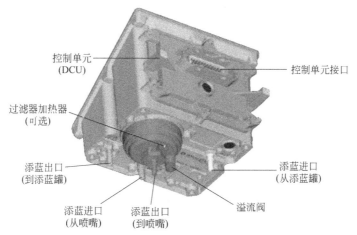

控制单元
（DCU）——控制单元接口

过滤器加热器
（可选）

添蓝出口
（到添蓝罐）——添蓝进口
（从添蓝罐）

添蓝进口
（从喷嘴）——添蓝出口
（到喷嘴）——溢流阀

图 8-2-2 添蓝泵总成（集成控制器）

（4）控制器（DCU）的技术参数（图 8-2-3） DCU 正常工作电压 24V；DCU 许用的电压范围 16～32V；平均工作电流 4A；最大工作电流 15A（使用加热器的情况下）；正常工作的环境温度范围为 −30～80℃；具有化冰策略。

（5）添蓝泵安装要求 计量喷射泵安装位置的振动加速度需小于 6g，如不满足要求，需使用减振垫。安装计量喷射泵时，应使其 Z 轴保持垂直，使用四个螺栓固定，安装面平面度要求在 0.5mm 以内。在车辆上安装时，计量喷射泵一般不需要专门的防护，建议将其安装在雨水飞溅和泥污较少的位置，以防止插接件的意外损坏。如果存在其他部件或石头意外碰撞的可能，需使用防护罩。ACU 工作时需要散热，所以注意此部分的通风散热，不能靠近排气管、催化消声器、增压器等热源太近。计量喷射泵与喷嘴之间的接管应使用软管，以允许其和排气管之间的相对振动。

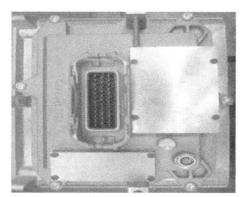

图 8-2-3 控制器（DCU）

安装高度要求：计量喷射泵低于添蓝罐安装时，进液管最高点（IL）必须高于添蓝液面最高点（AL），也就是要使用从顶端出液的添蓝罐，而且进液管最高点（IL）与添蓝罐内部吸液口（BIL）之间距离不能大于 1m。计量喷射泵低于添蓝罐安装时，计量喷射泵红色参考点 RP 不能高于添蓝罐内部吸液口（BIL）1m。

计量喷射泵需靠近添蓝罐安装，为减少供液管路内部截流空气的可能性，供液管越短越好，最长不能超过 5m。管路越长越要仔细布置管路，使管路从添蓝罐出液口到计量喷射泵添蓝入口的管路一路上行，避免局部拱形，形成空气截留区。

计量喷射泵固定螺栓安装力矩（24±4)N·m。

8.2.3 添蓝喷嘴

（1）添蓝喷嘴结构（图 8-2-4）

（2）添蓝喷嘴的技术参数 喷嘴的流量范围 0.1～6kg/h；泵的出口压力范围 4.5～5.5bar；允许的添蓝温度范围 −5～70℃；正常工作的环境温度范围 −30～120℃；最大许用海拔高度为 3600m；喷嘴线圈电阻为 1.1～1.2Ω。

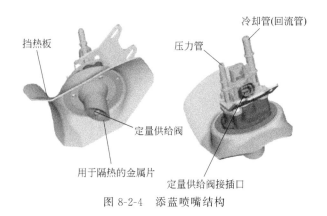

图 8-2-4　添蓝喷嘴结构

8.2.4　添蓝罐（图 8-2-5）

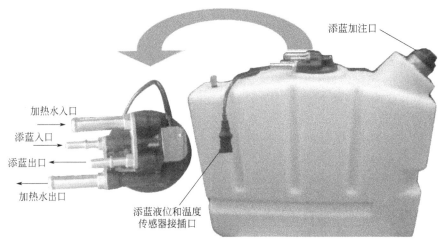

图 8-2-5　添蓝罐

添蓝罐用于盛装添蓝，空重 3kg，全塑料材质。外形尺为 561mm×473mm×200mm。容积 35L。添蓝罐包含集成添蓝液位传感器；集成添蓝温度传感器；集成冷却水加热管，用于化冰。添蓝罐加注口符合欧洲标准 DIN70070，与油箱口不同，可防止错加。

8.2.5　添蓝液位和温度传感器（图 8-2-6）

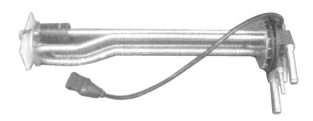

图 8-2-6　添蓝液位和温度传感器

添蓝液位和温度传感器特性如图 8-2-7 所示。

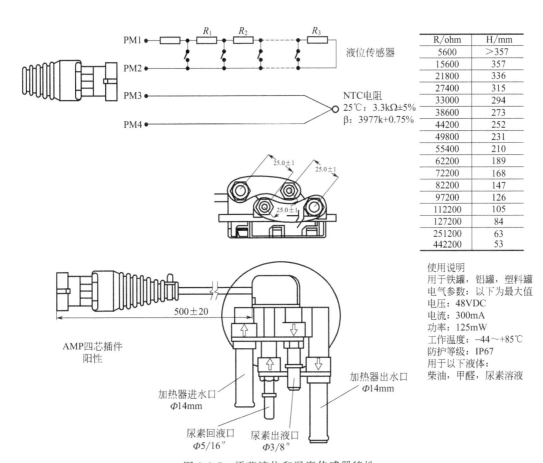

R/ohm	H/mm
5600	>357
15600	357
21800	336
27400	315
33000	294
38600	273
44200	252
49800	231
55400	210
62200	189
72200	168
82200	147
97200	126
112200	105
127200	84
251200	63
442200	53

PM1 PM2 PM3 PM4

液位传感器

NTC电阻
25℃：3.3kΩ±5%
β：3977k+0.75%

使用说明
用于铁罐，铝罐，塑料罐
电气参数：以下为最大值
电压：48VDC
电流：300mA
功率：125mW
工作温度：-44～+85℃
防护等级：IP67
用于以下液体：
柴油，甲醛，尿素溶液

AMP四芯插件
阳性

500±20

加热器进水口
Φ14mm

尿素回液口
Φ5/16″

尿素出液口
Φ3/8″

加热器出水口
Φ14mm

图 8-2-7　添蓝液位和温度传感器特性

8.2.6　催化消声器

（1）催化消声器的分类　如图 8-2-8 所示。

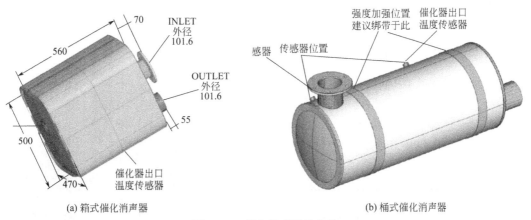

（a）箱式催化消声器

（b）桶式催化消声器

图 8-2-8　催化消声器的分类

（2）箱式催化消声器结构　如图 8-2-9 所示。

箱式催化消声器集 SCR 催化器和发动机排气消声器于一体。整体重量 70kg，外形尺

图 8-2-9　箱式催化消声器结构

寸为 560mm×470mm×500mm。整体容量 125L。催化剂容量 19L。整体材料为不锈钢，内装 SCR 催化器芯子和消声管路，表层不锈钢板下部装有绝热材料。运行过程中表面平均温度 200～250℃。法兰面接口为入口，另一光管接口为出口。催化器前后都装有温度传感器。

注意：安装时请辨别催化器进出口温度传感器的位置。

（3）桶式催化消声器　桶式催化消声器集 SCR 催化器和发动机排气消声器于一体。整体重量 50kg，外形尺寸为 ϕ300mm×800mm。整体容量 56L。催化剂容量 17.7L。整体材料为不锈钢，内装 SCR 催化器芯子和消声管路，可选装绝热材料。法兰面接口为入口，另一光管接口为出口。催化器前后都装有温度传感器。

注意：安装时请辨别催化器进出口温度传感器的位置。

8.2.7　排气温度传感器（催化器下游）

排气温度传感器使用 PT200NTC 型热敏电阻；测量范围为 −40～1000℃；安装螺母尺寸为 $M14×1.5$；传感器探头长度为 50m。

8.2.8　管路

SCR 系统主要用到两种管道，一种是添蓝管路，另外一种是加热水管路。管的内径和相应部件接头相匹配。具体长度随不同车型变化（图 8-2-10）。

8.2.9　冷却液电磁阀

冷却液电磁阀为系统化冰服务。外形尺寸 120mm×50mm×130mm，工作环境温度为 −40～80℃，重约 0.3kg，防护等级为 IP67，69K。

当电控单元通过添蓝罐温度传感器感应到添蓝温度低于一定程度，判断出系统结冰，通电打开电磁阀。热的发动机冷却液就会顺着管道流向添蓝罐和添蓝泵内置的换热器，这些地方的冰就会迅速融化。由于冷却液管道和添蓝胶管扎在一起，外套保温管，所以添蓝管道内部的冰也会同时融化。

安装要求：冷却液电磁阀安装位置没有特别讲究，可布置在冷却液管路中易于安装的位置。阀体上标有流动方

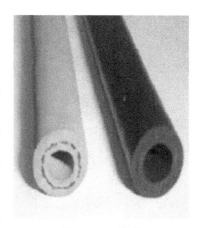

图 8-2-10　管路

向，请注意安装方向。要求电磁铁朝上。当车辆使用最低温度大于−5℃时即可不需要化冰功能，也就是说不用安装冷却水电磁阀、加热管路和添蓝滤清器加热装置。

8.2.10　NO$_x$传感器

NO$_x$传感器应安装孔位于较高的位置，起码位于催化消声器的上半圆位置，不能使NO$_x$传感器位于催化消声器的最低位置，因为排气中的水蒸气冷凝形成的液态水大量溅到传感器上或者积液浸泡传感器都会造该传感器的损坏（图8-2-11）。

系统OBD功能。OBD是指排放控制用车载诊断系统，它具有识别可能导致排放超标的故障区域的功能，并以故障代码的方式将该信息储存在电控单元存储器内，同时点亮故障指示灯（MIL）。当故障导致排放明显恶化时，激活发动机减扭矩功能，避免排放进一步恶化、提醒驾驶员尽早进行维修。

图8-2-11　NO$_x$传感器

8.3
SCR系统安装与布置

8.3.1　SCR系统各部件连接示意图（图8-3-1）

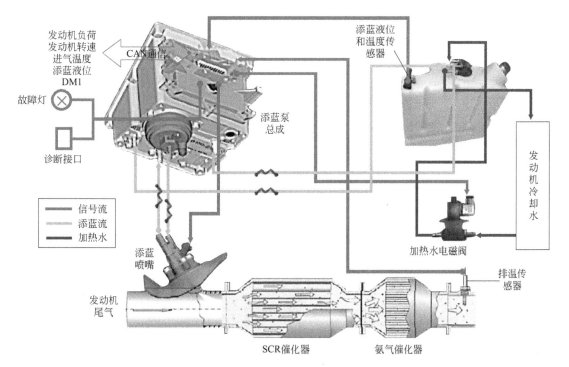

图8-3-1　SCR系统各部件连接示意图

8.3.2 SCR 系统整体布置要求（图 8-3-2）

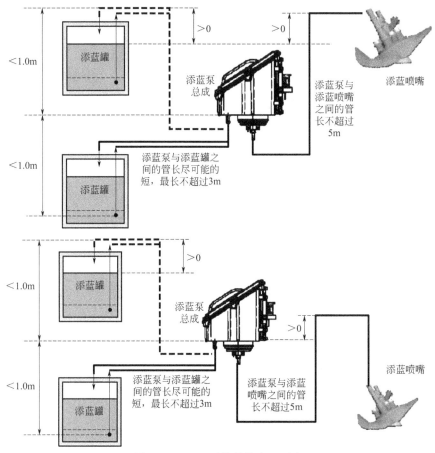

图 8-3-2　SCR 系统整体布置要求

8.3.3 SCR 喷嘴安装要求

添蓝喷嘴的装位置对喷嘴的可靠性和有很大的影响，因此在布置的时候要遵循一下几个原则。

① 原则 1。从排气管的横截面视图来观看，喷嘴必须安装在图片中指示允许安装的区域。为了减少喷嘴的热负荷和避免堵塞喷嘴，不允许把喷嘴安装在图片中指示的高温区和沉积区（图 8-3-3）。

② 原则 2。喷嘴的安装方向必须使得喷雾方向与排气流向保持一致，不能反装（图 8-3-4）。

混合器最好比催化消声器入口高，为了保证更好的混合效果，混合器出口离催化器入口尽量远，之间管道长度至少要大于 450mm（图 8-3-5）。

混合器要求安装在排气管的直管段，汇合器上游 150mm 和下游 200mm 范围内不能有弯头和变径。如这些条件不能满足，由于弯头或变径引起的紊流会引起混合器位置局部气流流动速度低，从而导致添蓝聚集于此，水分蒸发后造成尿素结晶，进而堵塞排气管，引起发动机严重故障。

③ 原则 3。如果喷嘴和催化器之间存在弯管结构，那么喷嘴到弯管之间的距离 L 要大于表 8-3-1 中规定的数值，其主要目的是保证添蓝溶液与排气的充分混合以及避免不必要的

添蓝沉积（图 8-3-6）。

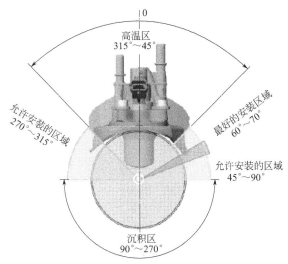

图 8-3-3　排气管的横截面视图

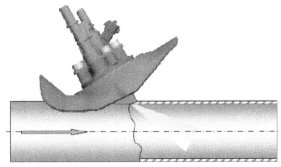

图 8-3-4　喷嘴的安装方向

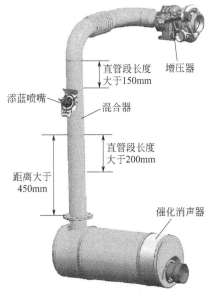

图 8-3-5　混合器比催化消声器入口高

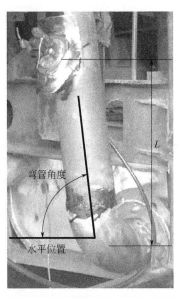

图 8-3-6　喷嘴和催化器安装关系

表 8-3-1 安装参数

弯管角度	L 的数值
0～45°	>250mm
45～90°	>350mm

8.3.4 排气管路安装要求

从添蓝喷嘴上游 200mm 处开始一直到下游催化消声器的排气系统管路必须采用 304 或 439 级不锈钢。添蓝具有腐蚀性，再加上高温，会急剧侵蚀低碳钢部件。

因为催化器内的化学反应依赖于温度（最低 180℃），所以催化消声器应尽可能靠近发动机，而且排气管尽可能包裹保温层。对于公交车辆，经保温处理的排气管路可提高 NO_x 的转化效率，公交车辆中发动机到催化消声器的排气管必需保温隔热。

8.3.5 SCR 系统线束安装要求（图 8-3-7）

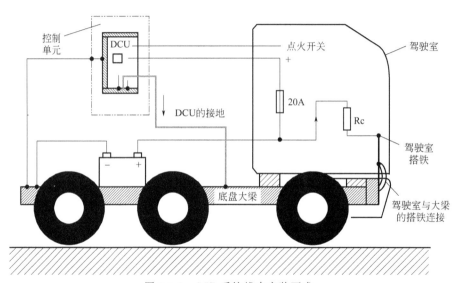

图 8-3-7 SCR 系统线束安装要求

8.4
SCR 系统日常维护与保养

8.4.1 使用玉柴认证的添蓝（标准尿素水溶液）

使用质量没有保证的添蓝可能引起催化器中毒、喷嘴堵塞、添蓝结晶堵塞排气管等故障！

对于使用非玉柴认可的添蓝引起的故障，玉柴不负责保修！

发动机所用添蓝（尿素水溶液）标准如表 8-4-1 所示。

表 8-4-1　符合 DIN70070 标准的标准尿素水溶液

组分	最小限值	最大限值
尿素质量百分比/%	31.8	33.2
20℃密度/(kg/cm³)	1087	1093
20℃的折射率	1.3814	1.3843
氨碱质量百分比/%		0.2
缩二脲质量百分比/%		0.3
乙醛/(mg/kg)		5
不溶物/(mg/kg)		20
磷(四氧化磷)/(mg/kg)		0.5
钙/(mg/kg)		0.5
铁/(mg/kg)		0.5
铜/(mg/kg)		0.2
锌/(mg/kg)		0.2
铬/(mg/kg)		0.2
镍/(mg/kg)		0.2
铝/(mg/kg)		0.5
镁/(mg/kg)		0.5
钠/(mg/kg)		0.5
钾/(mg/kg)		0.5

8.4.2　发动机所用燃油

为了使发动机拥有更高的可靠性和更低的油耗，燃油应选用符合 GB 252—2000《轻柴油》规定的清洁轻柴油，并随着地区环境气温的不同而选用不同牌号的清洁柴油，一般夏季选用 0 号，冬季气温在 −5℃以上时选用 −10 号，当气温在 −14℃以上时应选用 −20 号，当气温在 −29℃以上时应选用 −35 号。

具体燃油的指标如下。

黏度：40℃时为 1.3～5.8Pa·s。

十六烷值：环境温度高于 0℃时，不低于 40；低于 0℃时，不低于 45。

含硫量：不超过 0.005 质量百分比。

水和沉积物：不超过 0.05 体积百分比。

浊点：低于燃油所要工作的最低环境温度 6℃。

8.4.3　发动机所用机油

玉柴国Ⅳ系列发动机是一种高压喷射电控发动机，零部件精度很高，因此对机油的选用要求也较高，必须选用 CH 级以上级别的发动机用机油（表 8-4-2）。

表 8-4-2　发动机机油使用条件

使用条件	夏季	≥0	≥−15℃	≥−30℃
机油牌号	15W/40CH-4	15W/30CH-4	10W/30CH-4	5W/30CH-4

选择机油时，一定要注意两个指标，一个是机油的黏度指标，即所说的 15W－40 或 10W－30。另一个是性能等级指标，即所说的性能等级的 CF4、CG4 等。

玉柴发动机要求使用多级黏度的润滑油，这是因为多级机油适合的温度工作范围比较大，这样在早晚温差比较大的地区、发动机工作温度变化比较大的时候、发动机需要跨不同温度地区工作的情况下，以及较长的季节范围内其机油的黏度都可以满足发动机正常工作的需要。还有一个重要的因素是，单级机油的消耗率比多级机油高大约 30％。

8.4.4 清洗和更换滤芯

每行驶 150000 公里检查清理一次添蓝泵预滤器（图 8-4-1）。

每行驶 150000 公里（或两年）更换一次添蓝泵内置主滤芯（图 8-4-2）。

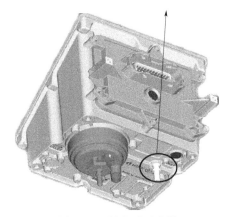 

图 8-4-1 添蓝泵预滤器　　　　　　　图 8-4-2 添蓝泵内置主滤芯

8.4.5 滤清器安装要求

滤清器安装过程如图 8-4-3 所示。

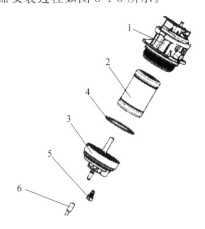

注意！
安装时不得安装使用过或是湿的滤清器，
会导致滤清损坏和不工作

图 8-4-3 主滤芯（F 00B H40 074）安装

1—溢流阀（1 453 465 047）左旋转 2 圈后可打开，请空主滤清。溢流阀的安装旋转力矩为（2+0.5）N·m；

2—滤清盖（F 00B H20 057）左旋打开，可以取出；3—滤清（1 457 436 002）相对于滤清盖左旋；

4—O 形密封圈（F 00B H60 048）每次更换滤清时都要更换密封圈，可以涂抹润滑脂以便安装；

5—安装滤清时，用手旋转至感觉有阻力后再旋 1/4 圈；6—滤清器罩旋转安装，

力矩为（20+0.5）N·m

注意电器插接件的保持干净、干燥（图8-4-4）。修理时注意不要让异物进入添蓝和燃油管道。焊接作业时要拔下 ECU 和 ACU 插头。各传感器插头连接好并加注添蓝液后再启动发动机，如未接好底盘需要调试时应先拔下 ACU 插头。

8.4.6　SCR 系统的使用注意事项

SCR 系统是一个自动控制的系统，当发动机启动后，车辆电压正常，添蓝管路无泄漏，系统将在控制器的指挥下自动工作，不需人为干预。SCR 系统基本免维护，只要加注符合标准要求的添蓝，系统内部终身免维护。用户要做的是保持系统外表干净，电器接头清洁和干燥即可。需定期清理添蓝罐底部的滤芯。

注意：冬季加注添蓝一定不要加得太满，液位指示刚满即可。因为当气温低于－11℃，添蓝结冰体积会有所膨胀，如果加得太满，没有膨胀空间，添蓝罐会被胀裂。

图 8-4-4　电器插接件

8.5
SCR 系统常见故障

8.5.1　添蓝压力无法建立

故障名称：添蓝压力无法建立。

故障代码：P2 0 8B。

故障现象：MI L 灯常亮，发动机无力。

诊断原理：添蓝压力无法建立至 4500hPa 以上。

故障原因：添蓝进流管脱落；添蓝压力管堵塞；添蓝管路接错；添蓝压力管泄漏。

8.5.2　NO$_x$ 传感器开路

故障名称：NO$_x$ 传感器开路。

故障代码：P0 6 0 0。

故障现象：MI L 灯常亮，发动机无力。

诊断原理：DCU 没有接收到 NO$_x$ 传感器信号。

故障原因：NO$_x$ 传感器线路接错（CAN 线/电源线）；NO$_x$ 传感器 CAN 模块损坏；CAN 总线故障（开路或者短路）。

例：NO$_x$ 传感器线路保险烧坏导致 NO$_x$ 传感器没有 24 电压驱动（图 8-5-1）。

结果：NO$_x$ 传感器无信号，MI L 灯常亮，50h 减扭矩。

NO$_x$ 传感器接插件接触不良、CAN 线接反（图 8-5-2）。

结果：NO$_x$ 传感器信号连接故障，MI L 灯常亮，50h 减扭矩。

CAN 总线故障（图 8-5-3）。3 和 4 接反，DCU 不工作，添蓝喷嘴烧坏；5 和 6 接反，NO$_x$ 传感器不工作，MI L 灯常亮，50h 减扭矩。

图 8-5-1　NO_x 传感器线路保险烧坏

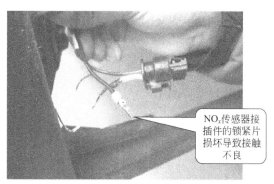

图 8-5-2　NO_x 传感器接插件接触不良

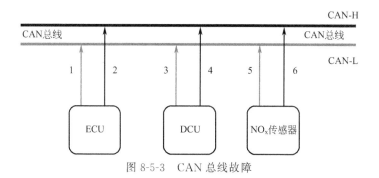

图 8-5-3　CAN 总线故障

8.5.3　NO_x 排放超标

故障名称：NO_x 排放超标。

故障代码：P0200。

故障现象：MIL 灯常亮，发动机无力。

诊断原理：NO_x 传感器检测到发动机尾气超标。

故障原因：发动机燃烧恶化；尿素质量差；催化器劣化或者失效。

尾气 NO_x 排放超标诊断原理如图 8-5-4 所示。

OBD 法规要求，当 NO_x 排放量超过 5g/kWh 时，激活 MIL 灯；当 NO_x 排放量超过 7.0g/kWh，激活 MIL 灯，扭矩限制器起作用。

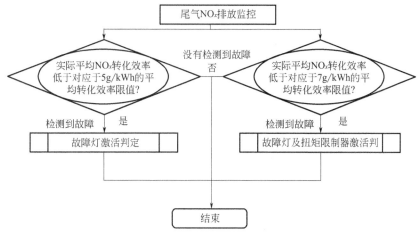

图 8-5-4　尾气 NO$_x$ 排放超标诊断原理

8.5.4　添蓝罐空

故障名称：添蓝罐空。

故障代码：P20 3 f。

故障现象：MI L 灯常亮，发动机无力。

诊断原理：添蓝液位低于诊断限值（10%）。

故障原因：没有加添蓝；添蓝耗尽；尿素液为传感器线路故障。

添蓝存量检测：OBD 法规要求对添蓝罐内的添蓝存量进行检测，添蓝存量的。

检测分为三个等级。

① 添蓝存量低于第一个等级（20%），激活 SCR 故灯。

② 添蓝存量低于第二个等级（15%），激活 MI L 灯。

③ 添蓝存量低于第三个等级（10%）即添蓝罐空，立即激活 MI L 灯，启动减扭矩功能。

8.5.5　添蓝喷嘴故障

故障名称：添蓝喷嘴故障。

故障代码：P2 0 2 f。

故障现象：MI L 灯常亮，发动机无力。

诊断原理：喷嘴电磁阀无反馈信号或者添蓝喷射量和泵转速关系不合理。

故障原因：添蓝喷嘴线路故障；添蓝喷嘴高温烧坏；添蓝喷嘴堵塞；添蓝喷嘴电磁阀卡滞。

添蓝喷射阀的诊断：添蓝喷射阀的故障包括以下几点。

① 对地短路故障。

② 对电源短路故障。

③ 开路故障。

④ 喷嘴电磁阀卡死故障。

喷射动作以后，通过读取添蓝喷射阀的反馈电压值进行添蓝喷射阀对地短路、对电源短路、开路故障的检测。添蓝喷射量增加，由于添蓝压力采用的闭环控制策略，DCU 泵转速必定增加，根据添蓝喷射量和泵转速关系，检测喷嘴卡死的故障。

8.5.6 NO$_x$ 传感器合理性故障

故障名称：NO$_x$ 传感器合理性故障。

故障代码：P22001。

故障现象：MIL 灯常亮，发动机无力。

诊断原理：NO$_x$ 传感器信号偏离理论值。

故障原因：NO$_x$ 传感器信号失效。

氮氧传感器的诊断：氮氧传感器通过 CAN 通信与后处理控制单元（DCU）进行通信；系统通过 CAN 总线传来的信息来进行 NO$_x$ 传感器相关诊断，包括以下几点。

① NO$_x$ 传感器连接故障（开路、短路）。

② NO$_x$ 加热信号故障（内部加热器损坏）。

③ NO$_x$ 传感器浓度故障（浓度信号不合理）。

④ NO$_x$ 传感器信号范围不合理故障（发动机工况变化，NO$_x$ 信号没有随之变化，认为不合理）。

8.5.7 常见故障分析（表 8-5-1）

表 8-5-1 常见故障

故障名称	故障码	故障原因	排除方法
下游温度传感器信号故障	001B	下游温度传感器线路开路、短路故障	检查线路；测量信号线电压；开路电压：4.8V 对电短路电压：5V 对地短路电压：4.89mV
电池电压故障	0057	电池电压不足	给蓄电池充电
CAN 接收故障（AMB）	0066	ECU 和 DCU 之间通信故障	检查 ECU 和 DCU 之间 CAN 线连接是否正确
CAN 接收故障（AT1OG1）	006D	NO$_x$ 传感器和 DCU 之间通信故障	检查线路保险及 CAN 信号信息，利用 USBCAN 读取 NO$_x$ 传感器的信号 ID(18F00F52)，能读到 ID 证明 NO$_x$ 传感器线路无故障，反之则为线路故障
主继电器故障	0026	不按规范断电或者带电操作	清除故障,如故障重现即可更换 DCU
CAN-H 和 CAN-L 短路	0088	CAN-H 和 CAN-L 短路	检查 CAN 线连接
CAN 接收故障（EEC1）	0064	ECU 和 DCU 之间通信故障	检查 ECU 和 DCU 之间 CAN 线连接是否正确
CAN 接收故障（ET1）	0065	ECU 和 DCU 之间通信故障	检查 ECU 和 DCU 之间 CAN 线连接是否正确
添蓝罐空故障	0052	添蓝罐中严重缺少添蓝（低于10%）	检查添蓝液位情况、及时加入添蓝
添蓝液位低于限值 1 故障	0072	添蓝罐中缺少添蓝（低于20%）	检查添蓝液位情况、及时加入添蓝
添蓝液位低于限值 2 故障	0060	添蓝罐中缺少添蓝（低于15%）	检查添蓝液位情况、及时加入添蓝

故障名称	故障码	故障原因	排除方法
添蓝液位信号故障	0051	添蓝液位传感器开路、短路故障	检查液位传感器线路； 测量信号线电压； 开路电压：4.75V 对电短路电压：5V 对地短路电压：4.89mV
添蓝罐温度信号故障	0053	添蓝罐温度传感器线路开路、短路故障	检查添蓝罐温度传感器线路； 测量信号线电压； 开路电压：4.75V 对电短路电压：5V 对地短路电压：4.89mV
添蓝结冰故障	003D	添蓝结冰	检查加热管路是否打折或者破裂
添蓝罐加热阀电路故障	0012	冷却液控制阀电路开路故障	检查电池阀线路
过滤器加热器电路故障	005A	泵端添蓝出口加热电路开路故障	检查线路
添蓝喷射阀电路故障	0011	添蓝喷射电池阀线路开路故障	检查线路
定量供料模块转速故障	002D	添蓝泵转速故障	清除故障后故障重现，更换DCU
添蓝喷嘴电磁阀位置合理性故障	0089	添蓝喷嘴堵塞或电池阀卡死	检查喷嘴在发动机启动的前3min内有无打开关闭的自检现象
添蓝喷嘴电磁阀合理性故障	0030	添蓝喷嘴堵塞或电池阀卡死	检查喷嘴在发动机启动的前3min内有无打开关闭的自检现象
添蓝压力不能建立故障	000B	管路接错或者管路长度超过配套要求	检查管路布置及安装情况
压力管堵塞故障	0074	添蓝压力管路堵塞	检查管路是否弯折或者接头堵塞
NO_x传感器加热信号故障	0083	NO_x传感器内部加热器故障	发动机充分热机后采集NO_x传感器是否正常工作
NO_x传感器浓度信号故障	0082	NO_x传感器浓度信号超高	发动机充分热机后采集NO_x传感器是否正常工作
NO_x排放超5g/kWh故障	0082	整车排放恶化	①检查尿素适用情况； ②检查系统是否正常工作； ③随车采集实际行车NO_x排放值，衡量整车排放恶化情况
NO_x排放超7g/kWh故障	0086	整车排放恶化	
添蓝泵温度信号故障	002C	添蓝泵温度超限	确认添蓝储存量、添蓝压力建立情况、DCU安装环境温度情况，确认以上无问题后如故障重现，更换DCU
添蓝压力信号故障	001E	添蓝压力传感器故障	采集发动机启动过程中尿素压力信号是否正常
VDD11电压故障	0077	DCU内部件供电模块故障	消除故障，如故障重现更换DCU
EEPROM故障	0022	DCU储存器故障	消除故障，如故障重现更换DCU
定量供料模块温度故障（定量供料模块）	0041	DCU内部温度过高	检查添蓝建立情况及DCU安装位置周围的热源情况
添蓝罐温度故障	0040	添蓝罐温度超高	检查安装位置热源情况及扇热情况

第9章

玉柴电控柴油机常见故障分析与排除

9.1 启动困难

9.1.1 影响发动机启动性能的因素（图 9-1-1）

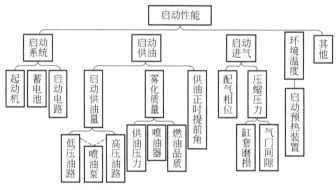

图 9-1-1 影响发动机启动性能的因素

9.1.2 柴油机启动困难故障分析和诊断

柴油机不能启动，主要与起动系统电路、启动供油量、喷油雾化质量、进气温度等条件有关，处理问题时可对以上几点按顺序排查原因。

启动困难的主要现象可分为以下几点。

① 起动机带不动柴油机运转。

② 起动机能带动柴油机运转但无启动征兆。

③ 启动困难，大量冒烟。

以下内容将对此三种情况进行具体的分析。

9.1.3 起动机带不动柴油机运转

故障现象：接通起动机开关，起动机不转或空转，柴油机不能启动。

故障原因如下。

① 起动机本身有故障。

② 蓄电池蓄电不足或启动电路接触不良。

③ 柴油机内部机械部分有卡滞处。

④ 离合器或变速器有卡滞处。

⑤ 起动机齿轮与飞轮齿圈卡滞（图9-1-2）。

图 9-1-2　起动机故障

9.1.4 起动机能带动柴油机但无启动征兆

起动机能带动柴油机但无启动征兆，这是一种常见的故障现象，多是供油系不良所致。柴油机供油系分为低压油路和高压油路。低压油路一般包括油箱、输油泵、柴油滤清器以及连接它们的油管（图9-1-3）。高压油路一般包括喷油泵、高压油管及喷油器等。诊断时，应首先确定故障出自哪一部分。通常可先将喷油泵放气螺塞松开，然后利用喷油泵上的手泵供油，观察放气螺塞处流油情况：若不流油或出泡沫状柴油，表明低压电油路有故障；如流油正常，则说明故障在高压油路。具体的检修请参照下节内容。

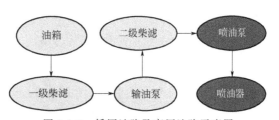

图 9-1-3　低压油路及高压油路示意图

低压油路故障　现象：松开喷油泵放气螺塞，利用喷油泵上的手泵供油；放气螺塞处无油流出；放气螺塞处流出泡沫状柴油，而且长时间供油不能排除。

故障原因如下。

① 油箱内无油或存油不足。

② 油箱开关未打开或油箱盖空气孔堵塞。

③ 油箱内上油管堵塞或从上部折断。

④ 油箱至输油泵之间油管堵塞。

⑤ 柴油滤清器滤芯堵塞。

⑥ 输油泵滤网堵塞。

⑦ 输油泵故障。

⑧ 油箱内上油管破裂或松动。

⑨ 油箱至输油泵之间油管有破裂处或接头松动。

9.1.5 启动困难时对低压油路的检修

（1）逐段检查管路的密封性 如果空气进入燃油管路，会导致发动机供油不足，引起发动机启动困难、运行粗暴、缺火、功率不足、排烟过多等故障。油箱至输油泵的管路容易密封不严导致空气漏入。由于此段油路是负压的，管路泄漏不易看出来，要逐段检查管路，油管的接头松动、吸油管与油箱连接的焊接处裂缝针孔，都会导致空气漏入，在检查时要特别注意。从输油泵至喷油泵的输油管路是正压的，因此如果连接处松动或密封不严会使燃油泄漏（图9-1-4）。

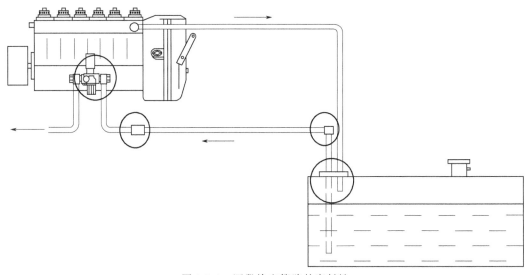

图 9-1-4 逐段检查管路的密封性

（2）检查油箱至输油泵管路是否畅通（图9-1-5）

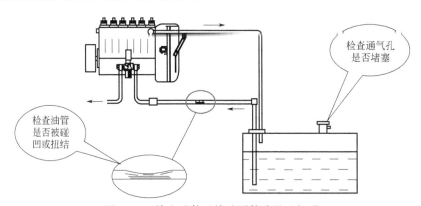

图 9-1-5 检查油箱至输油泵管路是否畅通

某 4F 机低压油路呼吸器堵塞案例如图 9-1-6 所示，打开油箱加油盖时，有被吸住的现象（负压），此时要注意检查呼吸器管口是否被堵塞。

（3）排空低压油路内空气 更换从输油泵至喷油泵这一段的零部件时，零件内部残留有空气，排除低压油路空气时，可以分一次或两次排空。

① 先拧松柴滤器上的放气螺栓打手泵，排空输油泵至空滤器的空气后再拧松油泵溢流阀，再次排空空滤器至喷油泵的空气。

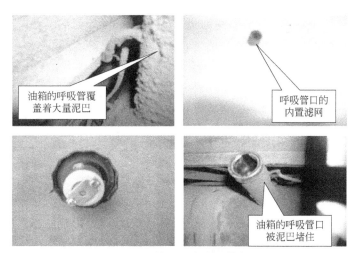

图 9-1-6 低压油路呼吸器堵塞

② 直接拧松油泵的溢流阀，通过打手泵或用起动机带动发动机把空气排出。为了排空效果更好，往往采用两次排空。

9.1.6 启动困难时对高压油路的检修

检查高压管路是否出现泄漏或堵塞，造成起动供油不畅。检查喷油器是否卡死、滴油、积炭严重。

(1) 喷油泵导致的启动困难

① 输油泵内漏、输油泵止回阀密封不严。

② 喷油泵溢油阀密封不良或其弹簧折断。

③ 出油阀密封不良或出油阀弹簧折断。

④ 调速器损坏（4F 还包括启动加浓电磁阀损坏）。

⑤ 齿条（拉杆）卡滞，小油门位置使柱塞不能转动或转动量过小，造成启动油量过小。

⑥ 油量调节齿圈固定螺钉松动或脱落，使柱塞滞留在不供油位置。

⑦ 柱塞卡死在小油门位置。

⑧ 怠速限位调整螺钉调整不当。

⑨ 提前器损坏。

(2) 启动困难时对喷油泵的检修

① 输油泵检查。在确认油路畅通后，打手泵排空时手泵泵不上油或泵油量很少，则应拆检输油泵（图 9-1-7）。

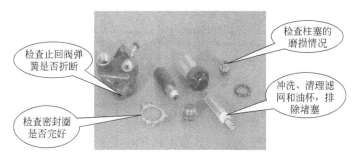

图 9-1-7 输油泵检查

②检查输油泵的流量。把输油泵装在试验台上，检查流量和压力。当转速为1100r/min时，流量不少于1.8L/min。标定转速下，输出油路关闭时的最大油压不低于0.2MPa。

（3）输油泵止回阀密封不严导致启动困难　如图9-1-8所示。

（4）溢流阀密封不良导致启动困难　如图9-1-9所示。

输油泵上有两处止回阀，分管进油和回油，内部弹簧失效时会导致启动困难

图9-1-8　故障位置（一）

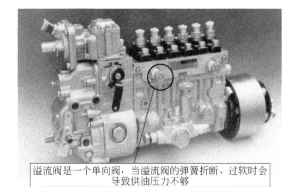

溢流阀是一个单向阀，当溢流阀的弹簧折断、过软时会导致供油压力不够

图9-1-9　故障位置（二）

（5）调速器上的启动加浓电磁阀损坏（YC4F机）导致启动困难　如图9-1-10所示。

（6）怠速限位螺钉调整不当导致启动困难　此故障对于RQV-K调速器常常出现。怠速限位螺钉调得过高，启动时，浮动臂的"刀口"碰到限烟器油量限制块，使得拉杆不能前移，启动油量不够（图9-1-11）。

注意检查该电磁阀：
①线路是否接好；
②接好线后，打开开关，是否有动作，若无动作，则可能是电磁阀损坏；
③拆下电磁阀后，启动发动机时，按下调速器上的电磁阀铁芯(右图圈内)，若可以正常启动，则说明是电磁阀损坏，更换电磁阀即可

图9-1-10　故障位置（三）

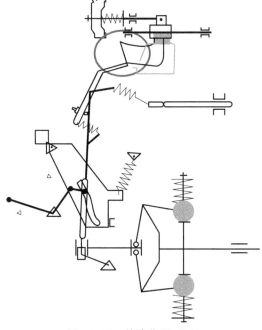

图9-1-11　故障位置（四）

（7）柱塞偶件卡死导致启动困难　拆开油泵发现油道内杂质比较多，强行拆出柱塞后柱塞芯表面附着杂质，柱塞芯严重磨损。若柱塞卡死在小油门位置，造成油泵不供油，柴油机熄火后启动不了。若柱塞卡死在大油门位置，造成油泵不停油，柴油机飞车。

9.1.7 启动困难，大量冒烟

柴油机不易启动且大量冒烟，说明柴油虽能进入燃烧室，但由于某种原因使燃烧室不具备压燃条件，使已喷入的柴油不能燃烧或不能完全燃烧。为使诊断快捷，应先分清这种故障的原因，通常以排烟颜色作依据。

大量冒黑烟：多是由于喷油过早、喷油压力不足、雾化不良；进气道堵塞、排气道排气不畅；气缸压力过低、柴油质量低劣导致的。

大量冒白烟：大量冒灰白烟是柴油蒸汽是柴油机环境温度过低、气缸压力严重不足、喷油过迟、喷油器雾化不良、泄漏等原因所致；而大量冒水汽白烟是因进入燃烧室的水分受热汽化而成，应查明进水原因。

（1）大量冒黑烟，不能启动的诊断

① 现象。接通起动机开关后，排气管大量排黑烟，但不能启动。

② 原因。

a.喷油正时调整过早。

b.喷油器有以下故障，使燃油雾化不良。喷油器针阀黏滞不能关闭；针阀与阀座接触不良或泄漏；喷油压力弹簧调整不当。

c.燃油品质差。

d.空气滤清器滤芯过脏堵塞及进气道堵塞。

e.缸套磨损严重，气门间隙过大，造成压缩压力不足。

f.排气制动阀未全开。

（2）大量冒白烟，不能启动的诊断

① 现象。排气管冒出蒸汽般的白色烟雾，说明燃油中掺有水分，一般不属供油系统故障，若排气管排出灰白色烟雾，是未燃烧的油雾，反映了柴油机温度低、供油多和缺乏充分的压燃条件。有时冒黑烟和冒白烟可能是同一种原因，比如供油过多，当柴油机温度过低时，排气管冒白烟，但当温度升高后又改排黑烟。

② 主要原因。

a.燃油中有水。

b.气缸垫冲坏或气缸盖螺栓不紧固使冷却水进入燃烧室。

c.气缸体或气缸盖冷却水套有破裂处。

d.柴油机环境温度过低。

e.进气压力不足。

f.供油提前角过小。

g.喷油器雾化不良。

9.2
功率不足

所谓柴油机功率不足，就是指在环境温度和海拔高度正常的情况下，柴油机发不出额定功率。其反映一是指发动机转速提不到标定转速值，体现为平路时高速跑不起来；反映二为扭矩达不到最大扭矩值，体现为爬坡无力。

当发动机发生上述故障的时候可按以下的思路和排查原则进行检修。基本思路如图 9-2-1、图 9-2-2 所示。

发动机故障排查原则为

两大系统：一套机构、两个参数，如图 9-2-3、图 9-2-4 所示。

图 9-2-1　发动机量的保证　　　　图 9-2-2　发动机过程控制

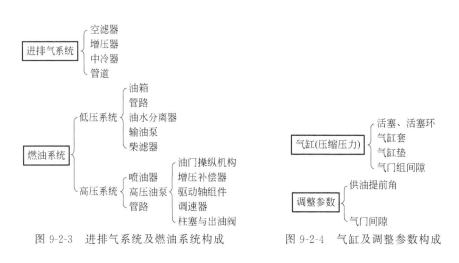

图 9-2-3　进排气系统及燃油系统构成　　图 9-2-4　气缸及调整参数构成

9.2.1　功率不足时对进排气系统的检修

（1）空滤器的检查　空滤器把进气中的杂质过滤后，杂质就停留在空滤器的滤芯上，越积越多的杂质使滤芯逐渐被堵塞，导致进气阻力越来越大，进气流量不足，使发动机的功率下降，排黑烟。因此，要及时检查、保养空滤器。拆出空滤器的滤芯，检查其积尘情况，用压缩空气从里往外把滤芯上的灰尘吹掉。如果空滤器的滤芯破损，或者积尘非常严重无法清理干净，应更换滤芯。使用时，严禁拆除安全滤芯。当使用超过 500h 或积尘严重应空滤更换。

（2）检查进气管路的密封性　目测检查进气管路的密封性，尤其要注意检查连接软管的接头处和软管是否有松脱或破裂现象。除了目测检查管路的密封性外，还可以用肥皂水涂在管子的密封表面上，检查是否泄漏。

（3）中冷器的检查　中冷器把经过增压器压缩过的空气进行冷却，从而提高了进气密度。中冷器发生故障会使空气得不到有效冷却，或空气泄漏，导致发动机排黑烟，功率不足。目测检查中冷器的散热片是否被尘土、碎屑等异物堵塞，如果被堵塞，用压缩空气吹干净。

除目测外，还应用水银压力计测量中冷器是否泄漏（图 9-2-5）。

对中冷器施加 0.2MPa 的空气压力，然后关闭空气，将中冷器放置 2min，并记录空气压力下降值。每分钟的空气压力降应不大于 10.34kPa，若大于此数，应对中冷器进行检修并再次试验，直至试验通过。

在观察压力表指示的压力变化的同时，还可以用肥皂水涂抹在中冷器的外表，直观检查中冷器是否泄漏。应首先排除管接头处泄漏，否则会影响对中冷器内泄漏的判断；在确认读数准确前，必须至少连续测量三次，测得的读数相近。

（4）排气阻力的检查　排气阻力过大，会导致发动机的有效功率不足、排黑烟、排温高等故障。排气阻力大的主要原因有：排气管、消声器堵塞；排气制动阀卡在关闭位置；排气管路布置不合理，拐弯过多。

用压力表检查排气阻力，把压力表接头安装在涡轮后排气管的压力计接口上，或排气制动阀前的排气管处，测量排气阻力，测得的排气阻力应小于10kPa（图9-2-6）。

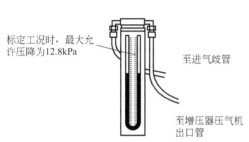

标定工况时，最大允许压降为12.8kPa

至进气歧管

至增压器压气机出口管

图 9-2-5　用水银压力计测量中冷器的压降

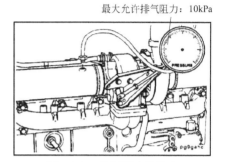

最大允许排气阻力：10kPa

图 9-2-6　排气阻力的检查

（5）功率不足时对燃油系统的检修　通常情况下燃油系统引发启动困难的种种因素往往会也会导致功率不足，只不过程度不同，甚至更加敏感。燃油供给系统引发的发动机功率不足故障分析除了以下讲述的部分内容外，还可参见9.1小节启动困难。

喷油泵总成是燃油系统的心脏，当发动机出现功率不足时，应该对喷油泵总成进行检修如下。

① 检查油门行程（图9-2-7）。当喷油泵部件出现卡滞时，往往不能达到合适的供油量，引发功率不足。用手扳动油门手柄，检查其能否走到底，若有卡滞，要拆检调速器和油泵总成，检查齿条的工作状况。确认油门手柄无卡滞后，再把油门踏板踩到底，检查油门手柄能否走完全部行程，若不能，要调整油门踏板的行程。

油门拉线　　油门手柄

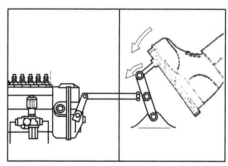

图 9-2-7　喷油泵总成的检查

② 增压补偿器调整　检查增压补偿器的空气连接管的密封性。

增压补偿器通过空气连接管感受进气管的压力，来调节燃油和空气的混合比，如果空气连接管的接头松动漏气或者堵塞，会导致发动机功率降低和烟大。

增压补偿器限制发动机低转速时增压器低增压压力期间的燃油量，使供油量与燃烧室的有效空气量密切配合，以保持低烟度。当增压压力下降时，弹簧推动膜片，沿减油方向拉动齿杆，这样就限制了发动机的供油量，从而避免油量过多而冒黑烟。当补偿器弹簧预紧力过大的时候，会导致油量小，加速性能差（图9-2-8）。

对补偿器弹簧预紧力进行调整（图9-2-9）。补偿器弹簧预紧力过大、限位螺钉调整油量过小会使加速性能差；补偿器弹簧预紧力过小、限位螺钉调整油量过大会使加速冒黑烟。

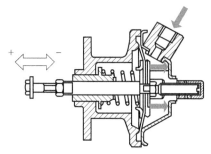

图9-2-8　增压补偿器工作原理

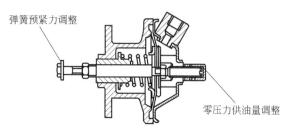

弹簧预紧力调整

零压力供油量调整

图9-2-9　对补偿器弹簧预紧力进行调整

③ 检查/标定喷油泵　把喷油泵装到试验台上，对其油量进行检查/标定。以下因素会影响喷油泵的供油能力：出油阀偶件磨损；柱塞偶件磨损；出油阀弹簧断；调速机构故障通过调整，供油量仍达不到要求时，要逐段拆检喷油泵，更换/修复相关故障件。

9.2.2　雾化质量不良引发的功率不足

（1）检查喷油器的开启压力和雾化质量

① 拆喷油器前，可用"断缸法"初步检查各缸喷油器的工作状况。

② 拆出喷油器时，注意观察油嘴是否变湿，若油嘴湿，说明喷油器停油不干脆，有滴油现象，出现这种情况，即使喷油器雾化好，开启压力正常，也不能说明喷油器工作正常。

图9-2-10　检查供油提前角

（2）检查供油提前角　供油提前角太大，发动机工作粗暴；供油提前角太小，发动机启动困难，燃油燃烧不充分，使发动机排黑烟或白烟，功率不足。应按发动机说明书规定检查/调整供油提前角（图9-2-10）。

（3）功率不足的几种伴同现象的分析　功率不足一般都有伴同故障，认真分析伴同现象，将有利于功率不足故障的排除。功率不足主要的现象可以分为以下几种。

① 柴油机高速跑不起且排少量烟。

② 柴油机功率不足且排大量白烟。

③ 柴油机功率不足且排大量黑烟。

④ 柴油机功率不足且排蓝烟。

（4）高速跑不起且排少量烟

① 现象。柴油机无力，但着火尚正常，排气管有极少量的烟雾排出，只有在急加速时，会有少量的黑烟，但高速仍提不上去。

② 可能的原因。油门拉杆行程不能保证供给最大油量；调速器调整不当，不能保证喷油泵最大供油量；喷油泵油量调节齿杆达不到最大供油位置；喷油泵挺杆滚子或凸轮磨损甚；喷油泵柱塞磨损过甚；喷油泵齿圈固定螺钉松动；喷油泵出油阀密封不良；喷油器泄漏，使喷油量减少；输油泵滤网、油管或柴油滤清器堵塞；输油泵供油不足；油路中有空气。

（5）柴油机功率不足且排大量白烟

① 现象。柴油机功率不足，不正常并排出大量白烟。不同工况下的白烟有所不同：排灰白色的烟雾；排水汽白烟；柴油机刚发动时排白烟，温度升高后变成蓝烟。

② 原因。气缸垫穿孔与气缸相通；气缸破裂漏水；柴油内含有水分；气缸压力过低；喷油时间过迟。

③ 诊断。

a.若柴油机功率不足、时排气冒灰白色烟雾，一般是喷油时间过迟。

b.柴油机功率不足、冒水汽白烟时，可将手靠近消声器处，当白烟掠手面上有水珠，说明气缸中进水。

c.柴油机刚启动时冒白烟，温度升高后冒蓝烟，说明气缸压力不足。

（6）柴油机功率不足且排大量黑烟

① 现象。柴油机功率不足，排气冒大量黑烟。其故障原因与不易启动而大量冒黑烟大致相同。

② 主要原因。

a.喷油泵供油量过大。

b.进气量不足（空滤器滤芯过脏堵塞，增压器故障，中冷器散热差）。

c.排气不畅。

（7）柴油机功率不足且排蓝烟

① 现象。柴油机功率不足，排气管排蓝烟，由于缸内密封性差，机油进入燃烧室加热蒸发，这些机油蒸气在柴油机低温时或小负荷时，不能燃烧而呈蓝色烟雾排出。但当柴油机温度升高或负荷增大时又被燃烧。此时蓝烟又变成深灰色烟。

② 主要原因。

a.活塞环装反，密封性能差，机油刮入燃烧室。

b.气缸活塞、活塞环磨损过甚，活塞环卡死，机油进入燃烧室。

c.气门导管与气门杆配合间隙过大，机油进入燃烧室。

d.增压器损坏进气不足负压也会使机油进入燃烧室。

9.3
发动机水温不正常

有些情况拆除节温器，是为了使发动机一直处于大循环的状态，来解决水温高的问题，为了保险起见，往往需要堵死小循环（图9-3-1）。

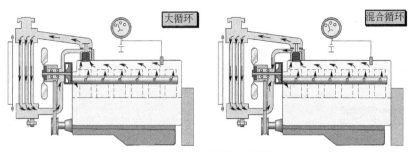

图 9-3-1 发动机冷却循环

9.3.1 发动机负荷对于水温的影响

（1）柴油机工作不良 在使用过程中，柴油机不及时维护保养，由于调整不当，供油提前角过大，喷油泵油量过大，引起柴油机性能改变，柴油机工作时燃烧不完全，排温高，也会造成水温过高。

（2）超负荷长时间低速运转　由于柴油机在长时间内超负荷低速运转引起柴油机过热，散热效果差也会造成水温高。

9.3.2　冷却水流量的影响

（1）冷却水不足　冷却水不足，可能是由于加冷却水时未排除水道内的空气，出现气阻造成假象，冲缸垫的故障引起水箱返水、水往外冒而缺水，另外，柴油机内部、外部漏水而缺水，引起水箱冷却水不足。

（2）节温器发卡、失灵　节温器发卡、失灵的原因主要是弹簧的弹力不足，弹簧钢丝过软。由于节温器不能根据柴油机冷却水温度变化实现从小循环向大循环过渡，影响了冷却水的流量和散热效果。

（3）水泵漏水，或传动皮带过松　柴油机的水泵严重漏水大多从水泵叶轮的前端水封圈位置和水泵与柴油机气缸体结合面漏水，或由于叶轮与叶轮室内壁磨损或叶轮两端面与叶轮室磨损，使叶轮室的配合间隙增大，水泵的泵水量降低，影响了柴油机的冷却效果。

水泵传动皮带的松紧程度直接影响到水泵工作的可靠性。因此，对皮带的张紧度有一定的要求，一般在 $40\sim50N$ 的压力作用下，皮带挠度为 $10\sim15mm$。若皮带太紧，将使水泵轴承磨损加剧，皮带变形损坏的速度加快，若皮带过松，皮带在皮带轮上打滑，使水泵进水量减少，容易引起柴油机的冷却效果不良，造成水温高。

9.3.3　散热能力对水温的影响

（1）水垢　柴油机在使用过程中，由于长期使用硬水，造成气缸体、气缸盖的水套以及散热水管内壁沉积的水垢过厚，另外，使用的冷却水不清洁，含有泥土油污与沉积的水垢合在一起，附于水道壁上，造成散热器散热效能降低，使发动机过热"开锅"。

（2）散热器容量过小、渗漏　柴油机冷却散热器容量过小，散热面积过小，影响冷却散热效果，造成水温高。再有，散热器由于受到机械振动造成焊缝的开裂，冷却水的容量也就随着减少，如上下水盒与水管的接缝、水管的焊缝开裂等造成散热器漏水，影响了散热效果，也会使柴油机过热"开锅"。

（3）导风效果差　汽车底盘与柴油机在配套过程中，由于匹配设计不合理，就有可能出现水温高的问题。若塑料风扇在高温、高速运转的过程中，容易产生扭曲变形或风扇装反，改变叶片的倾角，则会影响排风量，降低冷却效果。若散热器与导风罩接合面不密封，风扇的安装与导风罩平面的安装应露出导风罩平面 1/3 的位置最好（吸风式）。若是散热器迎风气流严重受阻，导风不良，散热器气流减少，风力差，会影响散热效果。

9.4
机油压力异常

9.4.1　柴油机机油压力过高或过低

柴油机润滑系统的作用是对各摩擦副进行润滑、清洗、冷却和密封。当柴油机的机件磨损、装配不当或出现其他故障时，将引起机油压力异常、消耗过多或机油变质等不正常现象，这些都会破坏润滑系统的正常作用，甚至造成机件故障，为了维持柴油机的正常运转润滑系的机油压力应达到 0.1～0.6MPa 范围。

（1）机油压力过高

① 现象：机油压力过高，冷车发动时，机油压力表指示压力 0.6MPa 以上。接通点火开关，机油压力表即指示 0.6MPa，发动后增至 0.6MPa 以上。发动机在运转中，机油压力突然增高。

② 原因。机油黏度过大；限压阀调整不当；气缸体润滑油道有堵塞处；主轴承或连杆轴承间隙过小；机油滤清器调压阀卡死无法卸压；机油表或机油压力表传感器不良。

③ 诊断。发现机油压力过高，应熄火查明原因，否则容易冲裂机油细滤器盖或机油感传器。

a.压力过高时，应首先检查机油黏度是否过大、限压阀是否调整不当（弹簧是否过硬）。对于新装发动机，应检查主轴承、连杆轴承或凸轮轴轴承是否间隙过小。

b.机油压力突然变高，或加油门时压力突然增高，可首先检查传感器是否失灵或滤清器旁通阀打开。

c.接通点火开关机油表即有压力指示，则应检查机油表、传感器是否完好。

（2）机油压力过低

① 现象：发动机在运转中，机油压力始终过低；发动机发动后，机油压力很快降低。

② 原因。

a.油底壳内机油不足。

b.机油黏度小。

c.限压阀调整不当或其弹簧折断或弹力不足。

d.机油滤清器调压阀不密封，或其弹簧折断或弹力不足。

e.机油进油管接头松动或油管破裂。

f.机油泵泵油不良。

g.机油油路严重泄漏。

h.机油集滤器堵塞。

i.曲轴主轴承、连杆轴承或凸轮轴轴承间隙增大。

j.机油表或其感传器失效。

③ 诊断。机油压力始终过低时，应先拔机油尺检查机油量，机油量严重不足时，在发动机急加速情况下，会出现主轴承、连杆轴承的敲击声，若机油充足，应检查机油仪表或其感传器。当拆下机油传感器，短时间发动时若机油喷出无力，即应检查机油滤清器旁通阀、限压阀、机油进油管、集滤器、机油泵等。曲轴主轴承、连杆轴承，尤其是凸轮轴轴承的间隙增大，直接影响机油压力。

如果初发动时机油压力正常，运转一段时间后，油压迅速降低，有可能油底壳内机油量不足，若机油量充足，还是出现这种故障，则是机油黏度过小。

如果是使用过程中由正常逐渐降低，多是由于机油变稀、机油泄漏、零件磨损、配合间隙过大等导致的。

如果是加油门时机油压力突然降低放油门后恢复正常，则极有可能是由于油底壳内调入大量不溶物，加油门时被吸起堵塞了集滤器，例如维修时油底壳上的胶水量涂抹过多，使用中掉落到油底壳内。

柴油机在运转中，机油压力突然降低，应立即使柴油机熄火，其可能原因是机油感应塞或机油表失灵、机油外泄、机油泵断轴、机油集滤器组件断裂。检查机油有无严重泄漏，如机油滤清器衬套垫损坏，就会出现这种现象。

④ 故障处理。更换损坏件、按技术要求调整各项数据、按装配工艺以及技术要求进行

装复。

⑤ 处理结果。修复后，启动发动机（水温85℃）排气烟色正常，道路试验平路或上坡动力性能、加速性能正常。

9.5
柴油油耗高

9.5.1 燃油油耗高的分析

发动机燃油油耗高的原因非常复杂，按照上述的各种影响因素燃油油耗高的问题大致可以分为以下几点。

① 发动机故障。

② 底盘的匹配问题。

③ 人为使用问题。

④ 使用环境。

⑤ 其他。

以下从各方面分别讨论对于燃油油耗的影响。

9.5.2 发动机故障引发油耗高

发动机和燃油油耗的高低与进气量、供油量和燃烧情况有关，当出现故障时，要从这三方面考察。

① 进气量不足。主要是考察进气系统、排气系统、增压器部件的问题，确保进排气系统的工作可靠。

② 供油系统的问题。着重考察发动机的供油提前角，喷油器的雾化质量，喷油泵的供油特性。

③ 发动机的燃烧室环境。检查缸内压缩压力是否足够，压缩压力不足会造成燃烧不良而引发油耗高。

（1）进气系统对油耗的影响

① 进气量不足。由于进气管路堵塞或泄漏造成进气量不足，进而造成燃烧不良，炭烟过多，燃油油耗高。进气不足时，会使发动机的动力性下降，尤其是高转速范围和高负荷情况下更加明显，此时油耗也往往急剧增大，因为司机为了提升功率，往往会猛轰油门，加大供油量，其结果是，油气更加浓，发动机冒黑烟，但是仍旧不能达到要求的动力性，油耗自然会上升。进排气系统的正常可靠是保证发动机优良性能的必要条件，注意检查进气系统是否出现泄漏和堵塞。

② 可能原因。

a. 空滤器堵塞，定期清理更换空滤器可避免。或空滤器的流量太小，造成进气量不足。

b. 增压后进气管路接头松动、破裂造成进气泄漏，此时主要检查中冷器、增压器、管路是否有泄漏。

c. 中冷器的焊缝和接头处常因振动而产生开裂和泄漏，且隔栅内容易填充异物，影响到散热效果，伴随有温度不正常的故障出现，此时会产生进气气阻使进气量不足。

d. 增压器失效，不但会影响到进气量的大小，还会有窜机油、冒蓝烟、黑烟的现象出现。

e.进气胶管硬度质量不合要求。某些橡胶管路要求采用钢箍骨架，否则容易弯折、吸扁，产生进气节流。

（2）排气系统对于油耗的影响

① 排气不畅。当排气不畅通时，会造成燃烧不良，发动机油耗高，可能伴有冒黑烟、冒蓝烟、发动机无力等故障现象。

② 可能原因。汽车排气制动阀失效；消声器、排气管路堵塞；排气管路管径、长度、弯角的参数不合理使排气背压太大；增压器失效。

当油耗原本正常而后逐渐升高较高时，应对排气系统检修，检查消声器、排气制动阀和增压器旁通阀是否失效，检查排气背压。在发动机的热机状态下，缓慢地加油门，使发动机转速逐步升高至标定转速，一般来说，在标定工况下当排气制动器阀门全开时不应大于10kPa；当排气制动阀关闭时不得超过规定限值，如超过规定值时，应设置阀门限位挡块或在阀门上钻孔加以调整。

（3）供油系统对油耗的影响

① 供油提前角大小对燃烧的影响。供油提前角过大，燃油将喷入温度和压力相对较低的空气中，着火相对延迟，同时着火燃烧后，活塞仍在上行，使压力升高率和最大爆发压力都较高，发动机工作较粗暴，热负荷高，燃油耗高，NO_x 的排放量也会由于燃烧温度的升高而增加，同时压缩过程中会耗费更多的能量，降低发动机的动力性和经济性。

供油提前角过小，会使燃油不能在上止点附近及时燃烧，同时会使燃烧温度升高，散热损失增加，也对发动机的动力性和经济性不利。供油提前角过小，还会使发动机冒白烟，实为燃油未经完全燃烧就排出，造成燃油耗高。

当喷油泵的提前器出现故障时，会影响到油耗。如：YC4110ZLQ、YC6105ZLQ 配 VE泵，由于 VE 泵液压提前器损坏，发动机供油角度不能随发动机转速增大而增大，造成燃烧不良，发动机燃油耗高。

供有提前角不合适时，不但会有燃油油耗高的现象，还伴随有异响、冒烟等，要及时地修正调整。

② 喷油器对油耗的影响。

喷油器的工作状况。要确保喷油器的雾化质量，可用"断缸法"初步检查各缸喷油器的工作状况。拆出喷油器时，注意观察油嘴是否变湿，若油嘴湿，说明喷油器断油不干脆，有滴油现象，出现这种情况，即使喷油器雾化好，开启压力正常，也不能说明喷油器工作正常。喷油器滴漏还会引发水温高、活塞烧蚀、缸盖烧裂等现象。不合格油嘴、雾化不良，造成燃烧不良，发动机油耗高。

喷油器开启压力。喷油器开启压力不当，造成燃油的雾化不良，发动机燃烧室积炭严重，会导致发动机油耗高。当发动机修理更换喷油器时，需要对喷油器的开启压力进行调整。

喷油嘴的凸出高度对于燃油耗的影响。喷油嘴凸出高度也会影响到燃油的雾化质量、油束的基本形状、油束在燃烧室内的喷射距离、油束的喷雾锥角、油束在燃烧室壁面上的反射情况、油雾在空间的浓度分布、滞燃期的长短等，从而影响到燃烧油量。装配或更换喷油嘴时，不但要注意喷油嘴的类型要和原有的一致，还要注意检查喷油嘴的凸出高度，对于增压和非增压、电控和非电控机，同一系列的不同机型所规定的凸出高度范围值可能不同，需要配装不同厚度的垫片，按使用说明书的要求进行检查调整。

如果误装型号不对的喷油器，且喷油嘴凸出高度过小，很有可能造成喷出的油雾打在气缸盖上的喷油器座孔上，形成油滴，致使燃烧不良，油嘴积碳烧蚀，热负荷大，冒黑烟，油耗量也会显著增大，同时会出现功率不足。

P 形喷油器装配时装反造成的油耗高。YC6G、YC4G 部分机型采用 P 形喷油器，由于 P 形嘴的外形特点，在拆装时容易装反，这样一来会使喷入燃烧室的燃油油束的喷射角度、射程等发生根本的变化，导致燃烧情况恶劣（图 9-5-1）。

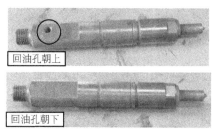

回油孔朝上

回油孔朝下

图 9-5-1　P 形喷油器安装方向

如果 P 形喷油器六缸全部装反，回油管仍旧可以安装上，装配时要注意，活塞也不能装反（图 9-5-2）。

喷油泵引发的发动机燃油耗高。喷油泵的各工况油量过大，主要表现为油耗高、冒大量的黑烟，必要时需借助油泵试验台重新进行调整。增压补偿器调整不当，由于弹簧的预紧力过小，或弹簧材质过软，使高增压时油量齿条移动量较大，导致油耗高。油泵的油门拉线回位不畅，油泵内部零件卡滞，致使油泵齿条长期处于大油门供油位置。提前器的飞锤组件磨损，使供油提前角不合适，引发油耗高。通常情况下，发动机出现功率不足故障时，司机会不断加油门，也会导致油耗高，需要从根本上解决问题。

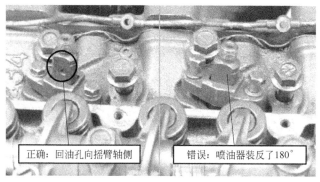

正确：回油孔向摇臂轴侧　　　错误：喷油器装反了 180°

图 9-5-2　P 形喷油器的安装

（4）燃烧环境对油耗的影响　气缸的压缩压力不足，若是由于油气存在向外部泄漏的间隙，会直接性的造成油耗高的故障。

活塞环和气缸套磨损过甚，或活塞环的对口、活塞环断、活塞环卡死；气门间隙不合理、气门下沉量过大、气门座烧蚀、气门接触面有积炭、烧蚀活磨损；配气相位不准确；气缸垫烧损漏气；活塞穿孔等都会引起的气缸内压缩压力不够，均会导致燃烧不良、燃气外泄等，从而引发燃油消耗量大，某些工况下还会冒黑烟。同时由于气缸内压力不足，会有机油窜入，伴随着冒蓝烟现象。

9.5.3　底盘匹配对于油耗的影响

（1）变速箱和后桥速比　发动机与汽车底盘配套，如果变速箱、后桥速比设计不合理，会造成发动机高速跑不起（传动比过大）或起步无力（传动比过小），发动机油耗高。所以要根据车辆的不同用途，合理配置变速箱和后桥的速比。

合理选择变速箱挡位。对于某些车型，要照顾使用的大多数工况，选择合理的挡位，一般来说变速箱的挡位越多，越有利于降低油耗（挡位的变换和选择与司机的驾驶技巧有关），但是有些城市公交，车速必须控制在低速，所以也没必要配用挡位太多的变速箱，以免部分驾驶水平一般的司机换挡时操作难度大，引发油耗偏高。

降低车辆自身的质量，改善传动系统与发动机的匹配，改进车辆的外形和结构，使用子午线轮胎等均可改善油耗，改善匹配是降油耗的关键一环。

服务站的维修人员应掌握如何测算后桥速比，并将底盘匹配上有可能引发油耗高的参数及时报给发动机厂，以检验配置的合理性。

（2）油耗高时对底盘状态的检查　对底盘正确的使用保养与调整对于百公里油耗有相当的影响。当发动机、底盘传动系统的匹配均合适时，要对发动机底盘的状态进行检查。

正确的使用保养与调整对于百公里油耗有相当的影响，可通过滑行距离来检查底盘的技术情况。当汽车的前轮定位正确，制动器的摩擦片与制动鼓有正常的间隙，轮胎气压正常，各相对运动零部件滑磨表面光洁、间隙恰当并且有充分的润滑油时，底盘的行驶阻力减小，滑行距离较大。当滑行距离较小时，说明底盘的状态欠佳，应该进行检修。

（3）人为因素对于油耗的影响

① 司机的驾驶水平对于油耗的影响。不同的司机驾驶习惯、驾驶经验都不同，对于油耗也有直接的影响。很多司机驾驶水平不佳，抢挡或拖挡，换挡不及时，挂挡不正确，应该换到高挡位时却一直挂在低挡，都会造成油耗高。

相同的工况行驶要尽快提高到高挡位，因为提高挡位行驶可以降低发动机转速，降低整车油耗。正常情况下，车用柴油机的经济转速区域往往处于中高速，此时由于负荷、转速、缸内压力和温度达到较好的匹配状态，燃烧情况好，因而燃油消耗率可以降到最低，所以，使用中，要尽可能地配合挡位使发动机处于经济运行区。

② 发动机的载重对油耗的影响。发动机的载重量大小代表着发动机的负荷高低，通常情况下最大载重量对应着发动机的标定工况下的负荷，所以，不允许发动机长期处于超载状态。现有的载货车，为了追求整车的利用率，发动机长期重载、超载，毫无疑问会使燃油消耗量增大。

9.5.4　使用环境和用途对燃油耗的影响

发动机的使用环境的不同，对于山区、高原、沙漠地区，由于坡度高、路面质量差等原因，油量往往会偏高于平原及路面较好的地区。

雨季时，路面会湿滑泥泞，路面的附着系数降低，也会使整车的速度和能力不能完全发挥，致使燃油消耗量偏高。

用途不同，如车用、船用、工程机械，由于发动机工作区域运转的主要转速范围不同，且负荷形式不一致，油耗量的评价方式会有所变化，如：工程机的油耗偏高于车机是非常正常的。

9.6
机油油耗高

发动机的机油消耗量往往以机燃油消耗比率来评价，机油消耗率因为发动机的机型、机油本身的品质不同而有着很大的变化，一般来说，机燃油消耗比率≤0.5%时可视为正常。

发动机启动前，司机应该拔出油标尺，检查油底壳内机油量和机油品质，不够或过脏则需要及时添加或更换，否则易发生运动件的损坏烧蚀。一般来说，每运行8000～10000km，需更换机油，每次换机油时应一并更换机油滤清器，在使用过程中发现机油量不足时要及时添加。

发动机机油消耗量高，问题比较简单，发生故障时主要从以下三个方面着手。

① 机油的品质如何，牌号是否适用。

② 机油是否发生泄漏。

③ 机油是否参与燃烧。

9.6.1　机油品质不适引发的机油耗高

（1）机油选用的原则　要根据发动机用途和温度的变化来选用，使油品既能在低温下有足够小的黏度来保证低温启动性能，又具有足够的高温黏度来保证发动机在运转时的润滑和密封。

对于负荷高转速低的设备，例如一些大型推土机、起重机和钻井机等，一般选用黏度较大的润滑油；负荷轻转速高的，如小轿车、吉普车、小型动力设备，一般选用黏度较小的润滑油。

根据地区、季节、气温选油。冬季寒冷地区，应选用黏度小的或多级机油；全年气温较高的地区，如海南省、两广地带，可选用黏度较高的机油。

根据发动机的磨损情况选油。新发动机应选用黏度较小的油（考虑节能）；而磨损较大、气缸壁与活塞间隙大的发动机应选用黏度较大的油（考虑密封）。

（2）添加机油的注意事项　行车过程中需要补充机油时，要注意不同厂商生产的机油绝对不可混加，因为各厂家研制油品时都会添加抗磨剂、防氧化剂等添加物，不同厂家生产的添加物混在一起有可能引起化学反应，令机油失效。而同一厂家生产的不同级别的机油也不能混加。

当曲轴箱内部的积炭过多时，在加注新油前，应采用润滑油厂家指定的清洗剂对曲轴箱内的积炭进行清洗。清洗方法：将清洗剂加入原机油内并怠速运转 $10\sim15min$ 后放空。如有条件，放空后用压缩空气对曲轴箱进行吹扫，以除去残油。

（3）检查油底壳内油面高度　机油油面的检查应该在发动机停机半小时后进行，此时各油道和机件表面的机油量大部分已经进入油底壳。

油底壳内油面高度过高或过低对于发动机都不合适。油面过高，将导致连杆下端和曲柄臂碰到油面，将过多机油甩到气缸壁上，活塞环刮油的能力是有一定限度的，此时机油会进入燃烧室内和气缸内，造成气缸盖、气门以及活塞顶部形成大量积炭，使活塞环上的回油槽与回油孔胶结，从而使活塞环的密封作用降低，影响发动机的工作，造成导致机油耗增加。另由于机油的流动阻力很大，发动机的能耗损失也会增加。油面过低，刹车或上下坡时，油面低于机油泵吸油滤网，瞬间失油，使零件过热而出现加速磨损等故障，一般情况下，断油 $4\sim8s$ 时，会导致烧蚀等故障现象。

（4）油底壳内的油面突然升高　当机油中混入柴油后，机油会显著变稀，黏度大大降低，取出少量机油，观察流动速度，可以明显看出，同时机油压力有所降低。

① 柴油进入油底壳的原因。输油泵内漏或是柱塞偶件内漏，导致柴油经齿轮室流入油底壳；气门摇臂固定螺栓松动或喷油嘴卡死，使喷入燃油不能燃烧，流入油底壳；进气预热塞组件损坏，喷油电磁阀常开，使燃油持续喷入且不能燃烧，进入油底壳。

② 液压油进入油底壳的原因，助力泵油封损坏所至。

③ 当机油中混入冷却液后，机油会变白，进入大量冷却液时，油面会上升。冷却液漏入油底壳的原因有：缸套封水圈失效、变质、失去密封弹性或安装时损坏切边；缸体及缸盖有砂眼、裂纹，水堵松脱或损坏，冷却液渗漏；气缸垫损坏，冷却液沿缸壁进入油底壳。冷却液漏入油底壳时，应该从外表检查机体是否有裂纹或油堵是否松动，如无异常，则拧下油底壳的放油螺塞，放完机油后，拆下油底壳，检查机体和缸套是否有漏水处，如若还是找不到裂纹部位，则需要拆下机体和缸盖，进行水压试验，找到漏水部位，最好的检查办法是整机进行加温、加压检查。

9.6.2 泄漏引发的机油耗高

机油发生泄漏时，既有向外部泄漏、又有向内部渗漏。

（1）机油外部泄漏

① 机体和零部件结合处有机油渗出。主要查看正时齿轮室、曲轴前、后油封、各垫片部位、转向泵前油封对于破损件要及时更换。密封圈是否老化、变质、变形，管路是否折断、有裂纹。应当特别说明的是曲轴前端和后端漏油，常因油封破损、老化或曲轴皮带轮与油封接触表面磨损过甚所致。

② 曲轴箱内压力过大，造成油气外泄。发动机运转时，如果有烟从呼吸口冒出，或用手或一张白纸放在呼吸器口，明显感到冲压大，表明曲轴箱的压力大，此时机油或机油油雾空气的混合气容易从呼吸器口或连接处渗出，造成机油耗高。曲轴箱通风不良，会使油底壳垫或缸盖罩垫、齿轮室垫处发生泄漏。当上述各部分均良好，机油耗仍然过多，即应检查曲轴箱通风情况。主要查看以下几点。

a. 呼吸器或油气分离器是否堵塞。

b. 空压机的缸套、活塞、活塞环是否磨损，如是，此时会将压缩空气经缸套到齿轮室进入曲轴箱内，空压机窜油，拆开空压机出气连接管，起动柴油机检查空压机则有油气喷出；

c. 选装真空泵的机型（4F）要注意检查抽真空管路是否完好，如有泄漏会使压缩空气抽入曲轴箱。

d. 活塞环和缸套过度磨损；活塞环磨损过甚或弹力不足；活塞环对口；活塞环端隙、边隙、背隙过大，活塞环抱死或对口；扭曲环装反；气门导管磨损过甚；缸套出现裂纹，均会使燃气外泄进入到曲轴箱，使曲轴箱压力过大，同时燃烧不良。

（2）机油内部泄漏　机油冷却器芯片裂纹或砂眼孔，机油则会进入冷却液中，造成耗机油。柴油机工作时，由于机油压力大于冷却液压力，机油不断地从裂纹或砂眼处进入冷却液中，形成油膜。若是气缸套有砂眼或裂纹，机油也会进入冷却液中，造成耗机油。柴油机工作时，由于气缸内的压力大于冷却液的压力，活塞、连杆组从下而上运动，压缩行程时，气缸壁上的机油通过气缸压力，不断地从砂眼或裂纹处把机油压入冷却液中，严重时，高温的燃气使混入机油的冷却液乳化变白，并且冷却液中会有气泡出现。转向泵液压油箱的油面升高，则是由于转向泵油封坏，抽机油进入液压油箱，造成油底壳机油量减少（图9-6-1）。

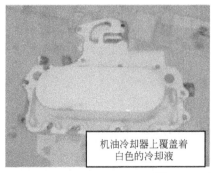 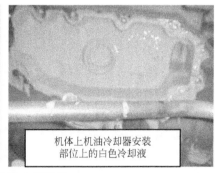

图 9-6-1　机油内部泄漏

当缸套有砂眼、裂纹，发动机在压缩、做功、排气冲程时，高温的气体将机油压入冷却水中，随着机油进入的增多，冷却液和机油的混合物在高温作用下最终乳化，使得冷却液发白，当发生上述故障发生时，应该着重检查气缸套和机体上是否有砂眼、裂纹。

9.6.3 机油参与燃烧引发油耗高

① 现象。当加大油门，柴油机高速运转时，排气管大量排出浓蓝色烟，或机油加油口、呼吸器也有大量蓝烟或废气排出，此时应该有机油参与燃烧。当有机油参与燃烧时，机油耗会增大，伴同有冒蓝烟，动力强劲。

② 主要查看部件。拆下活塞连杆组，检查活塞环是否磨的过薄，活塞与缸壁间隙过大；活塞环磨损过甚或弹力不足；活塞环抱死或对口；扭曲环装反；尤其应当检查第一道环的端隙、背隙、边隙。若这些间隙过大，便容易使活塞环泵油现象加重，造成窜油、窜气、废气大。若是整机刚刚大修过，则需要检查活塞环是否装反。检查分析气门杆与气门导管间隙是否过大。配套空气滤清器的流量过小或滤芯堵塞造成进气不足，负压，增压器内的机油则会进入气缸内燃烧造成耗机油。检查增压器密封性，增压器的轴向间隙是否合适，密封环是否完好等。

当上述部件出现问题时，要及时修复。

机油耗量大的车辆，由于烧机油，机油很易发黑。机油易发黑并不一定是油质差，很多时候是车况不佳引起，一旦发现机油易发黑，则是车况性能不佳提出的信号，最好停车检查，以免发生更严重的事故。

空压机窜油引起机油耗高。空压机窜油，往往是由于空压机缸套被磨损，活塞环弹力不足、阀片、密封件失效窜机油，拆检空压机后，可见空压机的缸套、活塞等磨损情况（图 9-6-2）。

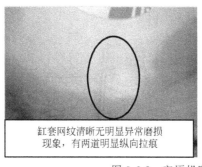 

图 9-6-2　空压机窜油引起机油耗高

9.7
排放烟色异常

如果发动机的技术状态良好，正常负荷时排气管排出的废气应该是无色透明，或者稍微带点淡蓝色、淡灰色。此时，废气的主要成分为二氧化碳、水蒸气以及少量的一氧化碳。

当柴油机烟色异常，排气管冒黑烟、白烟、蓝烟时，往往是由于尾气中含有大量的炭烟、微粒、机油、未燃烧尽的柴油等。烟色异常主要分为以下几种现象，并随着所处工况发生变化。

① 发动机冒黑烟。

② 发动机冒白烟。

③ 发动机冒蓝烟。

9.7.1 发动机冒黑烟

发动机冒黑烟的原因主要是柴油油品问题；进气量不够；供油系统出现问题。

发动机冒黑烟主要是从以上三个方面进行分析，并可以结合冒黑烟时的发动机的各种工况。

（1）柴油油品的问题　我国的柴油油品质量一直较差，柴油内含水量，含硫量比较高，杂质较多，品质差的燃油会引发油耗高，燃烧不良，冒黑烟，甚至引起油泵柱塞磨损，喷油嘴和燃烧室内积炭严重，使得柴油机的性能和排放大为下降。

措施：当发动机冒黑烟时，要查看用户使用的油品是否达到要求；日常操作中注意燃油滤清器的使用保养；有条件的用户可以将燃油沉淀72h后再使用。

（2）进气量不足的问题　发动机进气量不足时，油多气少，会使燃烧恶化，此时发动机的低、中、高速都会冒黑烟，尤其是高速时会更加明显。

措施：保证发动机的进排气系统安装规范，检查进、排气系统通畅，空滤器正常，管路无破损和节流，仔细检查增压器和中冷器、排气制动阀、消声器的工作情况。

（3）燃油供给系统的问题　当进排气系统正常时，要检查燃油供给系统的工作状态。供油提前角不合适，此时要检查静态供油提前角是否合适和提前器是否失效。检查油泵的各工况各循环供油量，油泵本身故障引发冒黑烟，此时可以将油泵装到实验台上进行调试。高低压油路存在着空气。检查管路是否泄漏，检查输油泵和进回油阀的密封性。喷油器油嘴卡死会导致发动机冒黑烟，用断缸法可以查出。

（4）发动机冒黑烟的几种工况　发动机冒黑烟，主要是高温、缺氧时未燃烧完全的炭烟粒子和吸附其上的烃类化合物，故障现象按照伴同工况可以分为以下几种。在热机状态下且水温正常时，对冒黑烟的发动机进行检查。

① 发动机怠速时冒黑烟。此时主要是因为个别的机型的怠速点转速调的过低，可以微调怠速限位螺钉提高其转速。

另外，排气管长期积炭严重，也会使发动机冒黑烟，此时拆卸排气管，如果不再冒黑烟，则清理排气管积尘即可。

② 低速正常，高速时冒黑烟。高速时冒黑烟，低速正常，转速越高，黑烟越浓。此时主要检查以下几点。

a.供油提前角。检查并调整静态供油提前角，查看油泵的紧固螺栓是否松动、验看油泵定位的键槽有无错位剪切等可能导致供油提前角变动的原因。注意检查提前器是否失效，导致提前器的供油提前角过小，出现会冒黑烟，无力，声音沉闷（发闷）等。

b.进排气系统。查看各部件和进排气阻力。

③ 自由加速烟度大，空负荷时加油，冒第一口黑烟，之后消失，车辆行驶时，每次加油有一口黑烟。油泵上的增压补偿器弹簧过软或弹簧预紧力过小时，会导致加油时齿条波动大，使油量猛然增大，使得自由加速烟度大。

措施：将增压补偿器的弹簧预紧力调大或更换较硬的弹簧。

④ 仅换挡时冒黑烟，其他正常。发生这种情况主要是由于以下两点。

a.由于发动机和变速箱匹配不佳，如：后桥速比不合适、变速箱的挡位跨度太大。此时可以将发动机从整车脱开，试验是否冒黑烟。

b.油泵的初始油量过大，此时换挡后，会冒一口黑烟，需要重新标定油泵。

⑤ 低速、中速、高速等情况下，一直冒黑烟。

若油泵本身各工况的油量没有问题，则需要检查供油提前角、喷油器雾化质量、进排气系统、活塞和喷油器是否装反等。

9.7.2 发动机冒白烟

发动机冒白烟，常常出现在柴油机冷启动后，怠速或低负荷下暖机的过程中，特别是寒冷天气时，会产生白烟、灰白烟、蓝烟，在燃烧室内的油气混合物由于温度低、压缩压力不够，或者燃油中掺杂了水分，燃油不能完全燃烧，未燃烧或部分氧化的燃油一般以液态微粒的形式随废气排出后，冷凝而形成白烟、灰白烟或蓝烟。这几种烟之间并无严格的成分差异，只是微粒的直径不同（白烟的微粒较蓝烟的微粒直径大）而对光线的反射不同，从而产生不同的颜色，一般来说，白烟在柴油机暖机的过程中会逐步变为蓝烟，再变为无色烟。

（1）启动冒白烟　柴油机环境温度过低会使启动困难，且排气管冒白烟，一旦启动后，此症状会随着发动机转速、温度升高而消失。此时应该检查进气预热装置和启动加浓装置是否失灵，线路是否接好，电磁阀和预热塞组件是否失效，供油提前角是否偏小。气缸压力严重不足、喷油过迟、喷油器雾化不良、泄漏等原因也会引发启动困难、冒白烟，此时应该检查供油系统是否出现问题，并对喷油提前角、气门间隙等进行调整。

（2）中低速冒白烟，尤其是低速时　气缸压力严重不足、喷油过迟、喷油器雾化不良、泄漏等同样可以使低、中速冒白烟，燃油未能完全燃烧就排出，而大量冒水汽白烟是因进入燃烧室的水分受热汽化而成，用手掠近排气管时可以看到凝结，应查明进水原因。一般是由于冷却液渗漏到燃烧室中造成的，此时发动机转速会不稳。要注意检查机体、缸盖、气缸套是否有裂纹，气缸盖螺母是否松动、上紧力矩是否均匀、阻水圈是否失效，气缸盖垫片是否破损，是否伴随冲缸垫的异响。注意检查供油提前角是否过小。

（3）发动机冒蓝烟　发动机冒蓝烟，主要是因为有大量机油参与燃烧，此时发动机的热负荷也会增大，机油消耗率也明显增大。机油蒸气在柴油机低温时或小负荷时，不能燃烧而呈蓝色烟雾排出。但当柴油机温度升高或负荷增大时又被燃烧，此时蓝烟又变成深灰色烟。

当发动机冒蓝烟时，要对发动机内构筑燃烧室零件的配合间隙参数进行检测，如活塞环、气门间隙，对增压器的状态进行检验。

（4）冒蓝烟原因分析　油底壳机油平面过高，活塞环弹性差刮油不良，机油进入燃烧室。活塞环与气缸套过度磨损，导致机油从侧隙进入燃烧室。活塞环上下运动的泵油作用。活塞环折断，活塞环装配时未错开各环的切口，活塞环装反。气门导管与气门杆配合间隙过大，机油进入燃烧室。空滤器堵塞，导致管路内形成负压，使机油被泵入燃烧室。增压器密封环失效，或者工作状态不稳定，机油进入进气管，参与燃烧，或机油直接进入排气管内，遇到高温燃烧后排出。

9.8
发动机异响

发动机本身由于燃烧不良、装配不当、零件磨损，损坏等引起机件配合面的高速撞击、进排气流的啸叫，因而产生发动机异响，如敲缸异响、连杆轴瓦异响，发电机或水泵轴承的过度磨损异响。冷却液泄漏冲缸垫等造成的异响。底盘出现问题，或是底盘与发动机匹配不当时也会引起异响，如离合器与差速器、变速器等随挡位变化发生异响，即底盘问题引起的异响。当车辆在原地正常，行车时异响的则可判定为底盘问题。

异响故障的原因判断：一是根据异响的部位；二是结合异响的现象。

柴油机常见异响的发生部位和区域，可以分为四个区域和两个部位。A-A 缸盖部位；B-B 气缸中上部位；C-C 气缸中下部；D-D 油底壳和缸体结合部；飞轮壳部位；齿轮室部位。

（1）A—A 区域为缸盖部位　在该区域，可用长柄起子触试或用听诊器听诊安装在缸盖上的运动副异响声，如气门间隙过大、气门座脱落、气门弹簧折断气门关闭不严、摇臂轴缺油造成的干摩擦等异响故障。

① 气门间隙过大。由于装配质量或是零件使用磨损，会引发气门异响，其特点是气缸盖罩处听到"嗒、嗒、嗒"的敲气门的清脆声，发动机在低速或超负荷时，较热态下的间隙更加大，声音也会较大，随柴油机温度升高响声减轻；发动机转速变化时，撞击响声会发生疏密变化，单缸断油时，响声不变化。

② 摇臂撞头与气门杆端面相互冲击。气门敲击声，气门间隙过大或调节螺栓松动，摇臂撞头与气门杆端面相互冲击所造成的（图 9-8-1）。

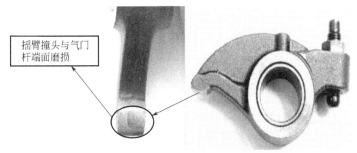

图 9-8-1　摇臂撞头与气门杆端面相互冲击

③ 推杆头部与挺柱端面磨损（图 9-8-2）。

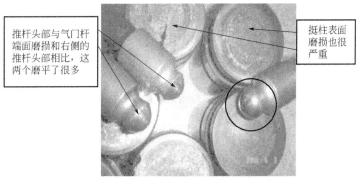

图 9-8-2　推杆头部与挺柱端面磨损

④ 气门弹簧造成的异响。气门弹簧折断时，可以听到两根弹簧的撞击声；且气门弹簧断裂时，使气门下落，在活塞上行时碰撞到气门，伴随着清脆的金属敲击声，而且缸盖上部的气门室内还能听到一种破瓦碎裂的声音或是气门弹簧的相互碰撞声，同时发动机的功率明显下降，单缸断油时，响声不变化。

⑤ 喷油器异响诊断与排除。

喷油器卡死异响的现象：若喷油器针阀卡死在油嘴前端，使油嘴堵死，无法出油，气缸内发出的很大的清脆的金属敲击声，比发动机敲缸声音更大，当断缸时异响消失（此故障和高压油管堵塞引发的现象相同，可以对高压油路分段检查来确定）。若喷油器针阀卡死在后端，喷油嘴无法闭合，喷油器滴油，会产生异响或是冒黑烟，同时发动机功率明显下降。

喷油器卡死的原因有怠速时间过长，燃烧不充分，针阀冷却不良造成前端积炭过多；燃油不清洁含有水分或杂质，使针阀与阀体密封不严。

⑥ 进排气系统异响。当进气歧管漏气时，发动机怠速工作时会产生响声，随着发动机转速的提高，响声会加剧；发动机加速时会听到突爆声；当空气滤清器堵塞时，发动机加速时会发闷，产生不正常响声；当增压器高速时会发出连续的尖叫声。

（2）B-B区域为气缸中上部位　在该区域，可听察到活塞连杆组的异响声，如由于气门弹簧折断造成气门与活塞打顶，活塞环与气缸磨损配合间隙过大、活塞销与活塞销座、连杆小头衬套松旷造成敲缸等异响故障。

（3）C-C区域为气缸中下部　在该区域可听察到侧置式凸轮轴及其摩擦副的异响声，如凸轮轴颈与轴承间隙过大、挺柱与缸体承孔过渡松旷，以及连杆大头与曲轴轴颈过度松旷（烧轴瓦）、连杆螺栓松动或折断等异响故障。还可辅助听诊曲轴轴承烧坏、曲轴轴向窜动等隐蔽性很强的异响故障。

① 活塞连杆组—轴瓦异响。曲轴轴承（大瓦）和连杆轴承（小瓦）异响，这两种异响首先从声音部位和声音频率上可以进行区分，一般大瓦声音低，小瓦声音高，加油门时不容易听到，收油门瞬间则可以听到。当个别小瓦异响时，若断掉该缸的点火或喷油，异响将减弱；若大瓦响，断缸时声响往往不变。

再来分析一下曲轴大、小瓦异响原因，主要包括以下三点。

a.固定大、小瓦的螺栓松动。

b.大瓦或小瓦间隙过大，运转时会发生撞击声。在柴油机转速突然改变时，此现象更严重。

c.润滑不良或大、小瓦烧蚀。由于小瓦的润滑油先经由大瓦的油道，一般小瓦在发动机高速时极易烧蚀，而大瓦烧蚀的较少。

② 活塞连杆组—活塞销的异响。活塞销在销座孔和连杆小头孔内能够转动，其配合间隙要求很严，间隙大了，冲击大，因而噪声也大。活塞销松旷而引起活塞打顶时会发出清脆的金属敲击声，且随着转速和升高更加明显。当连杆小端铜套和活塞销磨损后，间隙增大，连杆活塞在运动中产生冲击，发出敲击声；如果是活塞销与销座孔之间松动，则发出明显的金属敲击声，为了做出确切的判断，可在柴油机低速运转时切断供油，如响声减弱或消失，则可以肯定是活塞销的异常响声。活塞销的异常响声与供油时间过早而引起的敲击声相似，应该仔细听诊。

③ 活塞连杆组—敲缸异响。

a.发动机冷起动后活塞敲缸异响严重，热车后响声减轻。之所以出现这种现象，是由于装配时的活塞环侧隙过大，或缸套活塞长期磨损后活塞间隙过大或活塞变形。冷态下活塞间隙较大，敲缸异响自然严重一些，而当发动机温度升高后，活塞会产生膨胀，从而使得活塞间隙变小，敲缸异响声当然也就随之减轻。

b.单一气缸敲缸异响。此类故障多为发动机活塞严重变形、过热造成活塞拉伤或气缸拉伤所致。一般通过断缸法便可以找出拉缸的活塞，也可以通过内窥镜检查。一般气缸拉伤时，冷热发动机都会产生异响。如果是气缸内进异物或气门弯曲后撞击活塞产生的异响，则不论是否进行断火试验，异响总会存在。

（4）D-D区域为油底壳和缸体结合部　在该区域可以听察到曲轴轴承发响或曲轴窜动、断裂以及机油集滤器支架松断、机油泵异响等故障。

（5）齿轮室部位　在该区域可听察到齿轮室各齿轮的异响声。

（6）飞轮壳部位　在该区域可听察到离合器的异响声和起动机齿轮与飞轮环齿碰击声。柴油机的异响，尤其是突发性异响，对柴油机的安全性至关重要，一旦诊断出异响源，应当及时停机排除，该解体检修就解体，绝不能凑合；对自然渐增性异响，亦不能等闲视之，不要因小失大。等到异响声大到极限时才处理，就会出大事故；对于人为性异响，一经发现，应当即时排除。

（7）齿轮室的异响分析　一般情况下，正时齿轮室有轻微的响声，不影响正常的工作，但是异响过大时应该及时解决，否则会影响到配气相位的准确性，有甚者会导致发动机的重大故障。

① 当齿轮室内发出的是音量较强的周期性冲击声，且高速时，感到齿轮室有较大的振动，这种情况往往是由于啮合不均（图9-8-3）。

曲轴正时齿轮崩齿，造成异响

图 9-8-3　正时齿轮崩齿

② 个别的齿轮掉牙、碰伤，或是有异物嵌入；也可能是齿轮的定位键剪切变形，齿轮中心偏移；齿轮锁紧螺母松脱使齿轮轴松动，导致齿轮松动；曲轴弯曲度超出规定的数值；或是凸轮轴弯曲，使凸轮轴与曲轴的中心线不平行，因而产生异响，此时要更换齿轮，检查啮合间隙。

③ 齿轮室内的齿轮发出的是齿面相互撞击的响声，随着齿轮室的温度升高响声增强。一般来说，这是由于齿轮严重磨损而造成的，当温度过高时，会发生齿面黏结。往往采取测量齿侧间隙后，将齿轮副整副的更换。

④ 检查齿轮室时一定要检查齿轮副的啮合间隙和轴向间隙。

9.9
发动机振动过大

9.9.1　振动过大的机理

发动机内各缸活塞的往复运动和曲柄连杆机构的旋转不平衡量，尤其是高速运动时，气体燃烧时高温气体的压力和惯性力的对运动件的作用影响都极大，加上零部件会产生扭曲变形，零部件产生配合间隙发生改变，在气体压力和惯性力形成的干扰力矩作用下，会产生振动，进而发动机带动整车的振动。根据振动产生的机理，故障检查时可从发动机的动平衡（曲柄连杆组件）、供油系统、底盘匹配三个方面着手。

9.9.2　零部件的动平衡差

柴油机旋转组件，如曲轴飞轮组、离合器总成动不平衡；往复运动组件，如活塞连杆组之间重量超差过大。一般来说，这种故障不应该发生在新出厂的柴油机上，因为按规定，装新机时，要对运动各组件做严格的测试，如 YC6105、YC6108、YC6L 机型曲轴动不平衡量应小于或等于 50g·cm，而 YC6M 机型要求更加严格，小于 40g·cm，活塞连杆组的重量差也有严格的规定，并且是分组装配的工艺以保证整机往复惯性力和离心力的平衡。

原来正常的机器大修换件后出现振抖现象，多是由于修理柴油机时，未按规定对新换的运动组件检验。

9.9.3 供油系统

当发动机的供油系统出现以下问题时也会引发振动过大。

① 供油时间过早或过迟,喷油雾化不良或喷油器滴油。

② 各缸供油不一致。

③ 柴油机温度太低,燃烧不充分,工作不均匀。

④ 发动机的怠速转速调的过低时,由于相对的低速扭矩较大,会使发动机转速不稳,以至于发动机抖动或游车。

(1) 缺缸 "缺缸"又称"缺腿",是指发动机的一缸或多缸工作,致使发动机的转速不均,转矩输出不平稳。具体表象为,发动机本身振动大,且工作无力,排气不连续、冒烟、声音不正常,可用"断缸"法进行检查。

① 引起发动机缺缸的主要原因有:喷油泵柱塞磨损,卡死或出油阀弹簧折断;高压油管堵塞或折断;喷油器不喷油或喷油嘴卡死在关闭位置,无法喷油,或喷油雾化太差,根本无法燃烧;某缸气门关闭不严或气门弹簧折断;活塞环断裂,磨损后导致缸内压缩压力不足。

② 发动机缺缸的判断方法。当发动机缺缸时,各缸工作状况可在发动机上直接检查。

a.手感法。在发动机刚刚启动的时候,使其处于低中速"暖车"运转阶段,此时,用手触摸各缸高压油管,若某缸感觉不到高压脉冲的情况,则说明该缸供油不正常,也可以通过比较各缸的工作温度上升快慢是否一致来粗略判断。如某缸的温度明显比其他缸慢,说明该缸工作不正常。

b.断缸法。当发动机在正常工作温度时,依次松开各缸高压油管接头螺母,使该缸暂时停止供油,如果发动机声响有明显变化,则说明该缸工作正常,如果无明显变化,则该缸工作不正常。

(2) 游车 发动机游车,是指发动机的转速忽高忽低,尤其是发动机怠速、低速时最容易发生,随着外界阻力和负荷的变化而急速变化,导致抖动大,甚至无法工作。

引起发动机游车的主要故障件是油泵,由于油泵的供油量不均、供油量不稳定等导致。怠速点过低,也是可能的原因之一,柴油机怠速调整过低,低于原机标准,亦容易造成游车和振抖故障同时出现。其他情况,如喷油器的凸出高度不同,喷油嘴积炭、卡死,燃烧室烧蚀也会引发游车。

① 游车时油泵的故障。

喷油泵调速器的故障如下。

a.调速器外壳的孔及喷油泵盖板孔松旷。

b.调速器内润滑油量少或胶结、润滑不良导致调速器失灵。

c.飞块销孔、座架磨损松旷、灵敏度不一致或收张距离不一致。

d.飞锤缓冲块出现早期老化,导致飞锤出现抖动,引发油泵齿条抖动。

e.调速器弹簧折断或变形,弹簧刚度小,或预紧力小。

喷油泵本体的故障如下。

a.供油量调节齿杆与调速器拉杆销子松动。

b.供油量调节齿杆或拨叉卡滞,不能运动自如。

c.供油量调节齿杆与扇形齿轮齿隙过大或变形、松动。

d.凸轮轴轴向间隙过大,造成来回窜动。

喷油泵柱塞的故障:用户保养使用不当造成油泵的柱塞磨损,使某缸供油量一直偏小。

② 游车时调整油泵的供油油量均匀度。油泵的每缸供油量的调整要在试验台架上进行,

以无锡威孚 P 形直列泵为例调整如下。

a.首先检查油泵的供油提前角，即松开第一缸高压油管，摇油泵提前器，当提前器的刻线与油泵泵体的指针对齐时，第一缸出油口应出油（图9-9-1）。

b.接着调整 1-5-3-6-2-4 缸的供油角度，即每隔60°时该缸是否开始供油，通过增减柱塞调整垫片来调整供油的角度。

c.调节油泵的转速，并查看台架各量筒内的油量是否相同。相差过大时则需要旋开喷油器的固定压板，其上有腰形孔，微量转动柱塞套后装复，再查看各缸供油量是否一致。

图 9-9-1　检查油泵的供油提前角

9.9.4　底盘对于发动机振动的一些影响

发动机和底盘匹配不当时，会造成发动机的振动。如底盘本身的刚度和扭度，车桥承重量和共振频率，发动机支脚的硬度和减振能力，发动机在底盘上的安装位置和轴心度匹配不当。

① 产生原因。柴油机支架螺栓松动或支架断裂，胶垫老化破损剥落。离合器与变速箱、变速箱和传动轴装配的同轴度，变速箱的轴承齿间间隙过大，传动轴动平衡，弯曲度超差。发动机与底盘联结支承软垫硬度不合适，前后机脚垫锁紧螺母的拧紧力矩不合适，机脚安装的平行度超差，发动机与底盘发生共振、均会造成起动发抖或是换挡时振动大。有些柴油机安装到底盘上倾角不合格，对中差，也会引起柴油机及整车振动。

② 诊断与排除。

a.检查柴油机支架螺栓松紧度，螺栓松紧度应按规定力矩上紧，检查支架是否断裂，有断裂应焊补或更换新支架。检查胶垫，如老化、断裂应换新件。

b.检查和调整柴油机供油正时，检查喷油器喷油质量和密封性能。

c.必要时拆下喷油泵，在喷油泵试验台上做性能试验油泵供油量的均匀性。

d.检查冷却系统工作情况，尤其是在环境温度较低时，更要检测节温器的安装情况和工作性能，必要时更换新件。

9.10
常见应急处理措施

柴油机在使用过程中，随时会发生各种各样的故障，大部分故障必须把柴油机停下来维修好才能运行，而有些故障在无维修条件（如缺件）而又需继续短期运行时，对这些故障只要做适当的处理，就可以继续使用，但必须积极创造条件及时维修。常见应急处理措施如下。

① 机油表或机油感应。遇上这种现象时，可打开气缸盖罩，使柴油机在怠速运行，只要气门摇臂体上机油口有机油流出来，且加速时出来的机油不断增加，说明该柴油机怠速时最低油压在 0.1MPa 以上，柴油机能继续运行，但必须注意及早处理好机油表或机油感应塞的问题。

② 高压油管断裂、喷油器损坏、油泵出油阀损坏。高压油管断裂，喷油器损坏、油泵出油阀损坏，一时又没有配件更换，可以把断裂油管中的油或喷油器和出油阀中流出的油引回油箱中去，然后在中速运行。

③ 节温器失灵。由于节温器失灵会影响冷却液温度，此时可以把节温器拆掉，但必须用木条把节温上的小循环管口堵死，以免循环水短路而造成水温更高。

④ 喷油泵上的空调怠速提升器损坏。此部件损坏时，会使柴油机无来油或空调不能工作，这时，只需空调怠速提升器上的调整螺钉往增加油量方向适当调整即可。

⑤ 硅油离合器失效。如果柴油机装的是硅油风扇，当硅油离合器失效而影响冷却液温度时，可以通过在硅油离合器壳体上合适的位置钻四个螺孔直通前盖板，然后用螺栓把前盖板与壳体连接起来，做成普通风扇来使用。

第10章

玉柴电控
柴油机故障案例

10.1
启动困难案例

10.1.1　输油泵故障

故障现象：某批发动机共 10 台配 4F 某 19 座客车，至今行驶里程约为一万千米左右，该批车中有 9 台从使用开始就存在早晨冷车启动困难，一般需启动 20 次左右，才能启动，部分车辆要用车拖动才能发动。但只要早上启动过后，在一天的使用中，不管是冷机还是热机都能一次就正常启动（即使在不接油泵启动加浓电磁阀的情况下，也如此）。

故障模式：启动困难。

处理情况：首先检查启动电路、电瓶等正常；其中 3 台加大了油泵启动油量；检查油路正常，油泵溢流阀密封良好；改装接通了起动机电磁开关——油泵启动加浓电磁阀线路（原车油泵启动加浓电磁阀未接）；调整了 2 台油泵提前角为 9°～11°；将油箱透气孔胶管开通，排除低压油路堵塞的可能。

结合另一台由于油泵故障，更换油泵后故障排除，对换下的油泵进行检查发现：输油泵内漏严重。于是对此批机中内漏严重的几台更换上经过 100％检内漏的输油泵，装上并排空后，启动正常，停机至第二天早上发现（当时气温为 3～5℃，且下小雨），启动了 7 次才能启动（已短接启动过载电磁阀）。再拆下输油泵检查内漏，有内漏现象，对油泵厂带来的 13 件输油泵进行反复多次内漏检查，只有 5 件没有内漏现象，其余的有的每次检查都有内漏，有的检 5 次，有 1～2 次有内漏。换上无内漏的输油泵，至今已有 4 天，用户反馈，早上启动 1～2 次就能启动。

拆输油泵检查，内漏严重，拆溢流阀检查内漏，无问题。换上输油泵并排空后，启动正常，停机至第二天早上（当时气温为 3～5℃，且下小雨），启动了 2 次后，发动机启动（未短接启动过载电磁阀），电话联系用户，用户反映：近两天不短接启动过载电磁阀要启动多次才能启动，短接启动过载电磁阀后，启动 1～2 次就能启动。

综合分析。

① 导致云南 4F 机早晨冷车启动困难，主要原因是输油泵的内漏，由于该批输油泵极不稳定。

② 启动过载电磁阀：由于该电磁阀是接通发电机的，只要发动机转速上升至发电机能发电，启动过载电磁阀就断开起动机电源，此时发动机由于供油不足，处于刚想启动但又未启动状态，因而未能启动。短接启动过载电磁阀后，启动时间延长一些，发动机即能启动。

10.1.2 油泵溢油阀故障

（1）案例一

某 6J 发动机，汽车行驶 4000km 发动机出现间夜启动困难。服务站检查进油管里不见有漏气或油路堵塞，服务站给用户更换油泵，过几天又出现发动机隔夜启动困难。

处理：经检查发现高压油泵溢油阀弹簧压力偏小，造成发动机间夜启动困难。在油泵溢油阀弹簧处加装一段弹簧，增加油泵溢油阀弹簧压力，经上述试验，发动机故障排除。

（2）案例二

某 YC6105ZLQ 机配 J3600-1111050 油泵，发动机启动困难，该故障表现为发动机无力，行驶中容易熄火，熄火后发动机启动困难。

处理：经检查手动泵油感到压力很大，检查油泵溢油阀堵塞，无柴油流出。后更换油泵溢油阀，发动机故障排除。

10.1.3 油泵止回阀故障

故障现象：

① E05JH 型发动机，配某客车，行驶里程 1~3 万千米，30 多台车，早上启动很困难，泵油后，打电动机 4~6 次才能启动（现热天），有些车营运中停下 2h 便要打两次才能启动。

② 动力不足。

③ 早上启动前松开喷油器高压接头，打转机器没油出。

④ 服务站做过检查，也换过油泵及调过泵，但换后用了 3 天左右又发生这种现象（有两台车换过泵试，一台调泵试）。

排查过程：

① 检查供油提前角、进排气系统、柴油管路、发动机声音等正常。

② 松开输油泵的手泵泵油，发觉有油流过但压力很小，这就意味着泵腔压力不够，即回油阀弹簧软、不回位或关不严等，拆下回油螺钉，用嘴吹，漏气。反映动力不足、很难启动的，漏气较严重；情况轻点的，漏气少些。

故障排除：联系油泵厂家送油泵的止回阀到服务站，换了在该站的十多台，第二天上午回访用户全部正常，较满意，使用几天后反映良好，但有几台早上扣上电动机要几秒才启动，排气口没烟，启动之后正常，其他的启动性能良好，但排气口有小口黑烟，因油泵启动油量不合适造成。

需要解决的问题。

① 油泵厂调泵时注意控制好启动油量。

② 对止回阀和弹簧材料进行加工精度分析和强度试验。

10.1.4 启动加浓电磁阀无法正常工作

故障信息：用户购买两辆配装 4F 的车，一台每天早上只需要一下就能启动，另一台 4F 发动机却需要十几下才能启动（启动中发现电动机有自动脱出现象）。

检查分析：

① 检查喷油泵上的启动加浓电磁阀线路是否正常，若接触不良，启动加浓电磁阀无法正常工作，引起发动机启动困难。

② 检查启动过载电磁阀是接通发电机的，只有发动机转速上升至发电机能发电时，此电磁阀就断开起动机电源，此时发动机由于供油不足，处于刚想启动但又未启动状态，引起发动机无法正常启动。短接启动过载电磁阀后，启动时间延长一些，可使发动机顺利启动。

建议改进措施：

① 及时对喷油泵启动加浓电磁阀的线路进行检查防止松脱。

② 因为所用燃油油质标号大多达不到国家要求，给用户加装了一套电热油管（考虑到电热油管无法经流沉淀滤芯，将发动机的柴油滤芯由一个改装成两个柴油滤芯）。

③ 建议取消起动机电源需要经过发动机的这种安全连接，无太大实际意义。

10.2
发动机水温高案例

10.2.1　6112发动机水温高故障分析

某配6112发动机柴油车，行使里程：49000千米，反映水温高，拆检后发现缸内水腔水垢沉积严重，故解剖机体件如下（图10-2-1）。

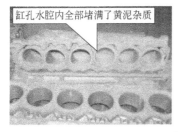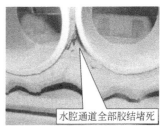

图 10-2-1　缸内水腔水垢沉积严重

原因分析：从机体缸孔冷却水道解剖看到的堵塞异物，大部分是黄泥，因此可以确定用户不使用防冻液，平时加的发动机冷却水大部分是硬水，并且冷却水源非常不清洁。发动机行使里程已经到49000千米，如果发动机水温高应该在送、接车阶段就很快反映出来。发动机水温高的原因很明显是机体水道堵塞引起，引起水温高的主要责任，实际就是用户使用不当造成（图10-2-2）。

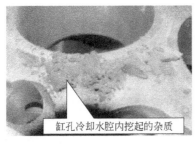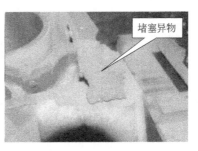

图 10-2-2　堵塞异物

10.2.2 迎风通道布置不合理引发的水温高问题

某 YC6A240-20 水温高情况分析。

故障现象：经常出现发动机水温高故障。现场观察副水箱盖、气缸盖、进气管等相关件，水箱盖无生锈迹象；气缸盖和进气管无因高温出现油漆剥落的情况；并不存在水温高的迹象。用户称此车才购买一个多月，刚购车时未出现水温高故障，近几天才发现的，大概跑了 5~6 千米时就出现水温高，于是就马上停车，几分钟后继续行驶。整个路程开开停停，故没有出现上述水温高的相关现象。

故障原因分析：经过现场观察发现存有水温高的配套问题，列举如图 10-2-3 所示。

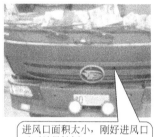

这块挡板几乎挡住了半个水箱的进风面，进风不畅

进风口面积太小，刚好进风口后面就是挡板

这就是水箱面前的挡板

中冷器

图 10-2-3　故障位置

10.2.3 A3500 系列发动机水温高的情况分析

故障现象：发动机水温高，汽车爬坡时水温开锅，造成无法正常运行。

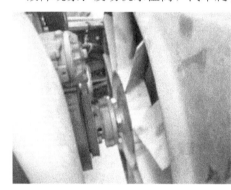

图 10-2-4　整改后装车

故障原因：经查，硅油离合器组件失效（直径 230cm，7 片风叶，图号：150-B），塑料风叶受热后，叶片变形，变软。致使风力减弱，风量减少，发动机散热差，造成水温高。

初步解决方法：

① 更换图号为 G3202-1308011A 的风扇，扇叶加厚普通风扇。

② 将过长风扇叶角割掉，以免碰到风扇护罩。

③ 加装风叶减振胶。

④ 改装风扇叶连接阀兰（图 10-2-4）。

10.2.4 发动机过热、开锅

一辆配套柴油机的货车，行驶 20000 千米左右，柴油机无力，副水箱水温 100℃（开锅），经检查水泵工作正常、喷油泵供油量正常、供角提前角符合技术要求。

故障现象：发动机过热、开锅。

故障模式：水温高。

原因分析：柴油机的货车行驶 20000 千米左右，柴油机无力，副水箱水温 100℃（开锅），经检查水泵工作正常、喷油泵供油量正常、供角提前角符合技术要求，影响发动机水温高的主要因素有冷却水不足；节温器损坏或失灵未打开；水垢过多；底盘配套不当造致。

故障诊断：

① 冷却水不足。水管漏水，水管破裂而缺水，冲气缸垫（水道孔）压缩燃气进入冷却水中造成返水冷却水喷出而缺水；散热器、节温器两条排空气管堵塞，空气未排除造成气阻假象误为加满冷却水，造成水温高。

② 节温器损坏或失灵未打开，小循环工作，冷却水得不到散热器散热，造成水温高。

③ 水垢过多，阻滞水流，散热器堵塞，冷却水循环不畅，影响散热效果，造成水温高。

④ 原配散热器容量过小（17L），塑料风扇，车辆爬坡时高温变形，导风罩位置安装不对，抽风效果差，造成水温高。

⑤ 导风系统不良，散热器前端，阻挡面积大，造成迎风气流量差导致水温高。

故障处理：

① 处理漏水部位，更换缸垫，按装配要求装配，加足冷却水，排除空气。

② 更换节温器，如果取消节温器，要堵塞水泵至节温器水管使其不起作用。

③ 清理水垢，排除阻滞，保证冷却水循环畅通，清洗散热器外部散垫片堵塞，保证气流畅通，提高散热效果。

④ 更换大容量散热器（24L）；使用铁风扇（ϕ550mm）；调整导风罩位置（或刮短）；保证风扇与导风罩平面外露1/3位置；提高抽风量。

⑤ 改造导风系统，减少散热器前端阻挡面积，创造迎面风气流条件，提高散热效果。

处理结果：修复后，各种道路试验水温正常。

10.3
油耗高案例

故障现象：有几台同型号的6G发动机配后置空调客车，自使用以来一直反映油耗高、冒黑烟、发动机无力（这几台车前三个月的平均油耗为47.5、46、43升/百千米）。

该批车在走保养时，也曾发现空滤芯（主滤芯）严重变形、安全滤芯也粘满了灰尘。当时怀疑是空滤芯的质量不好造成，更换同流量的滤芯产品后，油耗高问题还是没有得到解决。

原因分析：冒黑烟，往往是因为油多气少，燃烧不良引起，此故障可以排除一些偶然的因素，如进气泄漏、排气制动阀失效、喷油嘴雾化不良等，着重排查发动机的供油提前角、油泵（各工况供油量）一致性、进气量（空滤器流量）、排气背压（管路设计不合理）等。并可从油、气两个方面对照试验分析。

排查分析：根据几辆车走保时发现空滤芯（主滤芯）严重变形、安全滤芯粘满了灰尘等现象，疑是空滤器流量与发动机吸气量不匹配。这几台配置整车的空滤的流量（1100m³/h），为验证想法造成做了对比试验：选择两台油耗高的车分别对油泵油量调整，另选两台油耗高的车更换大流量的空滤总成（1500m³/h），经过跟踪后发现。

① 调整油泵油量的两台油耗无明显变化。

② 改空滤的两台车油耗却明显的改变，油耗从原来的最高值降至平均油耗之下（一台油耗31升/百千米；另一台油耗36升/百千米），司机反映更换空滤后的这两辆车动力明显改善，且排放、加速性也明显好转，油耗大大的降低。

结论：油耗高的根本原因为空滤的流量不够造成。

10.4
发动机机油消耗量高案例

某一辆配套柴油机的货车，行驶 8000 千米，动力性能良好，机油压力正常，无异响，机油消耗量大，同时发现副水箱冷却液变白。

故障现象：油水混合、机油消耗量大。

故障模式：砂眼、裂纹。

原因分析：机油冷却器裂纹或砂眼，由于机油压力大于冷却液压力，柴油机工作时，机油不断地从裂纹处进入冷却液中，如果裂纹大或砂眼孔大，则副水箱内冷却液形成油膜。气缸套裂纹或穴蚀严重穿孔，由于气缸内气压大于冷却液压力，柴油机工作时，活塞连杆组从下而上运动，压缩行程时气缸壁上的机油通过气缸压缩压力的作用下，不断地从裂纹或穴蚀严重穿孔处把机油压进冷却液中，如果裂纹、穴蚀孔大，则变白。

另外，诊断是否机油冷却器或是气缸套有缺陷，可以通过观看副水箱内有无气泡来诊断，机油冷却器渗漏无气泡，气缸套渗漏则有气泡。

故障处理：更换损坏件修复，按装配工艺技术要求进行装配，启动后，并用清洗剂加入冷却液中，热机清洗干净冷却液道内腔积油。

处理结果：跟踪用户，行驶 500 千米后检查副水箱无冷却液变白、油膜现象，且燃油机油消耗比正常，故障排除。

10.5
发动机烟色异常案例

10.5.1 冒黑烟故障案例

某配 4F 客车，刚购买不久，该车现行驶了 1080 千米，还未走保，发现冒黑烟严重，已处理多次，处理后行车不久又冒很大黑烟。

故障分析：分析可能的原因，冒黑烟往往是由于进气量不足，柴油不完全燃烧，可能是进气管路的空滤器容量过小，堵塞或中冷器破损，或者是低速低增压工况下的冒烟限制器失灵，也可以是排气管路不畅，如排气制动阀或排气管堵塞造成。

再分析油的可能原因：柴油的牌号不对；喷油器滴油严重；供油提前角不当；喷油泵供油量不正常，喷油泵柱塞卡滞或弹簧折断，油门拉杆行程不当，提前器损坏，油泵挺杆黏滞等。

排查情况：发现增压器进气口的连接胶管（图 10-5-1）被吸扁，空滤进气管也过软，易变形造成进气受阻。

故障处理：因找不到合适的连接胶管，现用一根较粗的铁线卷成弹簧状放置管内作固定，试车故障排除。但该进气管加铁线在管内支撑只是应急的做法，时间长了可能会有磨破的隐患，会造成进气短路，需及时处理。

这种情况下不但要考虑管路的强度，还应该检查空滤器的容量是否过小，而造成进气负压，进气节流。

图 10-5-1　增压器进气口的连接胶管

10.5.2　冒白烟故障案例

故障现象：两台柴油机行驶约 300 千米，发动机在怠速、中速、高速时冒蓝白烟，瞬时轰大油门仍旧冒偏白烟，其中一台发动机起动也最多 15min，排气管就开始有柴油往下流，检查供油提前角、喷油器未发现问题（图 10-5-2）。

排查分析：发动机冒白烟，是因为燃油未能完全燃烧便排出。而排气管流出柴油，则拆检进气管，发现进气管里有不少柴油，初步判定责任为预热装置失效。首先检查预热装置的线路是否接错，为明确责任也可直接将预热装置拆下，或是断开其接线后，直接启动发动机，观察，此时冒烟现象缓解。因预热装置失效，柴油喷入进气管无法燃烧，且持续喷射，未经燃烧，再从排气管流出（图 10-5-3）。

图 10-5-2　排气管漏柴油

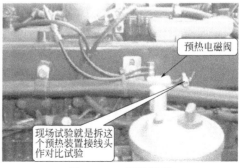

图 10-5-3　预热装置

结论：引起冒白烟和排气管流出柴油的主要原因是预热装置失效。预防并纠正汽车厂的控制器接错线是今后要注意的问题。

10.6
发动机抖动故障案例

10.6.1　发动机抖动大、无力

故障案例：某公交车配 6J 发动机，运行后，司机反映发动机抖动大、无力，于是更换油泵并调试，效果不明显，现从底盘方面进行排查。

故障排除：为了排除底盘和装配各方面的影响，对各部分的零件拆卸。

先拆下变速箱，把变速箱同发动机分离，启动发动机，抖动没有改变。再拆下风扇皮带，即把风扇轮机构与发动机脱离（发动机后置、独立水箱），抖动依旧。然后松开四个机脚螺栓，左右、前后分别上紧测试，效果不明显。从发动机底部观察，无发动机与底盘、大梁碰撞干涉的现象。把中冷器连接管卸掉，不与发动机连接，试车，抖动还是一样。在车架上原本安装空调压缩机的地方加铁块加压，目的是均衡大梁两边的重量，仍然抖动。考虑抖动与底盘有关的部位在四个机脚软垫上，于是换用另一种机脚垫，先更换两只前机脚垫，发动机抖动改善很明显，只是在转速为 900 转左右有点轻微抖动。看来此方案可行，更换完后两只机脚垫后，试车，抖动消失。发动机转速 900 转左右时最大的振动点也看不出抖动现象（发动机 900 转时处于扭矩点或起步转速，此时振动较大）。

结论：发动机抖动的原因在于原配的机脚软垫硬度不够，通过比较更换前后的机脚软垫，原车上的机脚垫较软，更换后的机脚垫硬度好，属于配套上的疏漏。今后遇到发动机抖动时也要考虑这种可能。

10.6.2 发动机振动大

某辆配套柴油机的货车，自购车以来一直运行正常，行驶 48000 千米时，由于连杆螺栓断打烂机体，曲轴报废，在服务站更换了机体、曲轴、连杆各 1 条，修复处理，修复后运行累计 68000 千米，在短短的两个月内，飞轮壳开裂损坏了 6 只。

故障现象：振动大。

故障模式：飞轮壳开裂。

原因分析：该车发动机修复运行以后，在短短的两个月内，飞轮壳开裂损坏了 6 只，主要是与发动机振动大有密切关系。影响发动机振动大的主要因素：曲轴、（包括离合器、飞轮）动平衡差、活塞连杆组的配重超值、装配曲轴力矩不当、个别缸工作不良、减振器或风扇轴不平衡或偏摆跳动超差等有关。

另外，在底盘方面考虑主要因素：车架是否变形，变速箱、传动轴联接与飞轮壳同轴度是否合适，传动轴伸缩节花键过短或过长（顶死）不灵活，发动机与底盘车架联接点支承是否正确。在材质上考虑，飞轮材料是否符合原厂设计要求。

故障诊断：

① 发动机各缸工作情况。采用断缸检查方法，检查发动机各缸工作情况是否正常。影响各缸工作不良的主要因素有：供油系油路是否畅通，有无空气，喷油嘴雾化是否良好，供油提前角是否正确，配气相位是否正确，进、排气系统是否进气足、排气畅，气缸压缩压力是否正常，逐一诊断。

② 发动机振动是否正常。启动发动机，可在发动机缸盖罩上部位置用手感觉有否振动过大来诊断，对发动机内部件检查，首先了解用户维修史，必要时拆检分析、鉴定。

③ 发动机与底盘连接机构。对发动机与底盘连接机构（支撑和软垫）检查，采用直观检查方法，观看是否有异常现象，特别要注意软垫是否完好，硬度是否一致，更换软垫时是否前或后配对更换。并注意吊装发动机时让发动机自由下落到位，保证各支承点自然接合。检查飞轮壳是否有干涉形成五点支承，注意飞轮起动机位置铸造是否有肥大现象。

④ 减振器或风扇轴。对减振器或风扇轴不平衡或偏摆跳动超差的检查：启动发动机，采用直观检查方法，观看是否有异常现象。

⑤ 底盘方面的检查。对底盘方面的检查，直观检查车架是否有变形、开裂现象，变速箱、传动轴联接与飞轮壳同轴度是否正确，必要时要拆检、测量来确认，传动轴绅缩节花键过短或过长（顶死）不灵活，造成卡滞。

故障处理：

a. 把飞轮、离合器装在曲轴上做曲轴动平衡（专业人员、专用设备平衡）。

b. 按原配连杆重量选配连杆。

c. 飞轮壳选用玉柴配套件。

d. 更换损坏件，按发动机装配工艺、技术要求进行修复。

e. 对底盘的处理，对应修复并更换损坏件，按底盘装配技术要求进行装配。